教育現場を「臨床」する

学校のリアルと幻想

内田 良
UCHIDA Ryo

慶應義塾大学出版会

教育現場を「臨床」する——学校のリアルと幻想　目次

プロローグ

教育の専門家として情報を発信していると、ときに不思議な感覚に陥る。高校生を前にして、高校の教育活動について話をする。教員を前にして、学校の働き方について話をする。私はけっして生徒ではないし、学校で働いているわけでもない。よほど目の前にいる生徒や教師のほうが、毎日学校に来ていて、毎日教育活動を体験している。

そしてまた、現役として学校に来ていなくとも、この社会に住まう多くの人たちが小中高と一二年にわたって学校教育を経験済みだ。一二年間とはなかなか立派なキャリアであり、ベテランと言ってよいだろう。

教育研究者の目の前には、現役の教師や生徒、ベテランの学校経験者がいる。それゆえ、現場に身を置いていない私たち研究者にとって、現場のことを話題にするのは、じつにハードルが高い。だから私たち教育研究者は、真正面からは勝負を挑まない。

みんなが知っていることを、専門家として語ったところでなにも進展しない。現役の教師や生徒、ベテランの学校経験者の視界には入ってこない、それでいて教育現場の核心を突くようなリアルな見解が、私たちには要請される。

本書はその意味で、じつにひねくれた仕上がりとなっている。「学校のことを知りたければ、学校に行ってはならない」と主張したり、「いじめの件数は多いほうがよい」「コロナ禍のステイ・ホームはリスクが高い」「理不尽な校則は、地域社会がつくっている」と言ってみたりと、非常識でときに幻想を打ち砕くような見解が並んでいる。

非常識とはいえ、私は自分の性格の悪さを披露するために筆を執ったわけではない。非常識だけれども、私は本気だ。

厚労省と警察庁の発表によると、二〇二二年に小中校生の自殺者数は、一九八〇年の統計開始以降で過去最多を記録した。小学生が一七名、中学生が一四三名、高校生が三五四名で、計五一四名にのぼる。二〇二〇年に前年（二〇一九年）の三九九名から四九九名へと一〇〇名もの急増があり、二〇二一年が四七三名、二〇二二年が五一四名と、緊急事態がつづいている。

不登校の件数も増加がつづいている。二〇二一年度には、小学校と中学校ともに過去最多を記録した。小学校では八万一四九八件で七七人に一人（一・三〇％）、中学校では一五万七〇一九件で二〇人に一人（五・〇〇％）に達している。

かつて、学校には荒れ放題の時代があった。一九七〇年代から一九八〇年代頃における「校内暴力」全盛期の時代である。校舎の窓ガラスが割られるのは日常茶飯事で、ニュースにもならない。生徒が学校の敷地に原付バイクで乗り込む、校舎内でたばこを吸う、教師を殴る、これらの出来事も、学び舎の日常風景であった。卒業式には、私服警官が保護者に交じって待機していた。

学校や大人に対する攻撃性を抑えるべく、学校の校則は強化された。頭のてっぺんからつま先まで、生徒の身なりや日常生活を隅々まで厳しく統制することで、刑務所のようにして生徒=囚人を抑え込むことが目指された。

それから半世紀が経過しようとしている。時代はずいぶんと変わった。

二〇二〇年に始まるコロナ禍（新型コロナウイルスの感染拡大にともなうさまざまな困難や危機）のもと、学校で子どもたちはマスクの着用、会話の制限など多くの規制を受けながら、日常を送ってきた。きっとストレスフルな生活がつづいてきたと推察する。だがそれでも、コロナ禍の息苦しさを他者に対する攻撃に転化することは、ほとんど見られなかった。

ただ一方で、確実に顕在化してきたのが、先のとおり、自殺や不登校の件数の増加である。コロナ禍がどこまで影響しているのかは、わからない。だが、ここ数年の観察から言えるのは、今日の子どもは、自身の苦悩を他者に向けることはない。学校から離脱する、この世の中から離脱することを、子どもたちは選択している。苦悩の矛先は、外の大人ではなく、自分自身に向けられていくのだ。

受難は、子どもだけにとどまらない。

二〇二一年春のこと、「Twitter 上における文部科学省の「＃教師のバトン」プロジェクトに批判が殺到した。今日、教員の長時間労働の現状を受けて、教員のなり手不足が進んでいる。これに危機感を抱いた文部科学省は、「Twitter 上で「＃教師のバトン」のフレーズで教職の魅力を発信してほしい、と関係者に呼びかけた。長時間労働の現状において、ポジティブに魅力を語ってほしいとのお願いが大炎上するのは、やむをえなかったと言えよう。

「#教師のバトン」が付された、印象深いツイートがある。教師本人ではなく、恋人からの投稿だ。

彼氏も教師ですが、昨日一緒に寝ていると夜中突然バッと起きておかしい様子だったから「どうした?!」って聞いたら「明日の部活行きたくない…」って泣きながらポロッと一言。試合＋審判で、審判の講習も自費、審判のための靴や服、小物まで自費。そして無給。行かんでいい。私が電話してあげる! って言ったけど、今日朝早くから出て行った。(二〇二一年四月一一日付)

投稿の日付からすると、土曜日の夜の出来事のようである。夜中に突然起きて、涙してしまうとは、いったいどれほど週末の部活動指導が、本人の負担となっていることだろう。このツイートは、約八千件のリツイート、二・七万件の「いいね」を記録した。なお、このツイートにはつづきがあり、結局その先生は、朝早くから部活動指導のために出て行ったとのことである。

「子どもの前では笑顔」――これは、教員の合い言葉だ。業務の負荷が高くて疲弊したり、保護者からの苦情で心が傷ついたりしても、学校に着いた瞬間から、一人の元気で強い指導者を演出せねばならない。夜の涙は、生徒にも保護者にも、同僚にも管理職にも見えないまま、日常がくり返されていく。

「子どもの前では笑顔」でいる事実が問題なのではない。それが教師としての「あるべき規範」として求められることで、個々の教師の苦悩が見えなくなってしまうことだ。私たちははたして、その教師の苦悩に気づけているのだろうか。既存の「先生らしさ」「教師らしさ」を放棄するところから、議論を始めたい。

思い起こせば、学校の厳格な校則が維持されるべき理由にも、「あるべき規範」がつきまとってきた。「中学生らしさ」「高校生らしさ」である。黒色の靴下は中学生らしくない、ツーブロックは高校生らしくない――よくよく考えると謎理論なのだが、それが堂々と通用してきたのが校則である。既存の「中学生らしさ」「高校生らしさ」も、一度放棄したほうがよさそうだ。

時代は移りゆく。私たちの価値規範も、移り変わっていく。そして、人の苦悩を目の当たりにしたときには、価値規範が移り変わっていくのを待つことなく、積極的に変えていくことも必要だろう。自分がもつ常識を疑ってみるときが、いまここに来ているように思う。改めて、非常識だけれども、私は本気だ。

本書は、慶應義塾大学出版会の隔月刊誌『教育と医学』で、二〇一九年七・八月号から二〇二二年五・六月号まで掲載してきた連載「教育のリアル――現場の声とエビデンスに迫る」に、加筆・修正を適宜おこないながら、一冊にまとめたものである。

連載期間は、全世界が新型コロナウイルスの感染拡大で大混乱に陥っていた時期と大部分を共有している。コロナ禍初期の二〇二〇年頃は日本全体が高い緊張感と不安感に包まれていた。その時期の連載稿には、当時の空気感がダイレクトに反映されている内容もある。いまとなっては、あのピリピリ感は過去の思い出になりつつあるが、当時の私自身の記録としてもできるだけその空気感を損なわぬよう、本書に残した。

『教育と医学』の連載稿の執筆に際しては、読者層を想定して、私は次のことに留意した。『教育と医学』は一九五三年創刊の伝統ある雑誌であり、読者には学術界の関係者も多い。個人的な日記のようなものにならぬよう、できるだけ科学的な根拠（エビデンス）や学術的な議論・理論を参照するよう努めた。そもそも非常識な路線を走るときにはそれなりに説得力が発揮できるよう、用意周到な武装が必要である。そうは言っても浅学であるため、連載稿をもとにした本書が、どこまで読者の学術的な欲求を満たすことができるか、はなはだ不安ではある。

本書は、五部から成る。

第一部では、教育現場と研究者（である私）との距離感を起点としながら、「臨床研究」の射程を探った。合わせて、今日の学校教育の最重要関心事と言ってよい、学校の働き方改革について、その特質をメディア論から読み解いた。第二部では、学校の働き方改革の中心的課題である部活動を話題にした。生徒側のリスク（ケガ）と教師側のリスク（指導の負担）の両方に着目しつつ、部活動の現在と未来を描いた。

第三部は、ちょうど新型コロナウイルスの感染拡大にともなう一回目の緊急事態宣言（二〇二〇年四月〜五月）の前後に書いた記事をまとめた。未知のウイルスを前にした、学校教育ないしは私個人の答えなき思考の跡がたどれるだろう。第四部は、学校の校則を取り扱った。理不尽な校則をセンセーショナルに問題視するのではなく、また生徒主体の校則見直しを美談にすることもなく、語られぬ校則論を展開した。第五部では、子どもの受難に着目した。ここでは、教育／福祉、教育学／社会福祉学、文部科学省／厚生労働省といった縦割りの枠組みを越えて、学校さらには家庭における子どもの受難を広く描き出した。

以上が、本書の構成である。非常識すぎて、理解を得られない内容も多々あることだろう。それはきっと、私の書き方や視点がまずいのであって、非常識であること自体がまちがっているわけではない。ぜひ私に替わって、読者の皆さんに非常識のバトンをつないでいってもらいたい。

第I部

学校と「臨床」

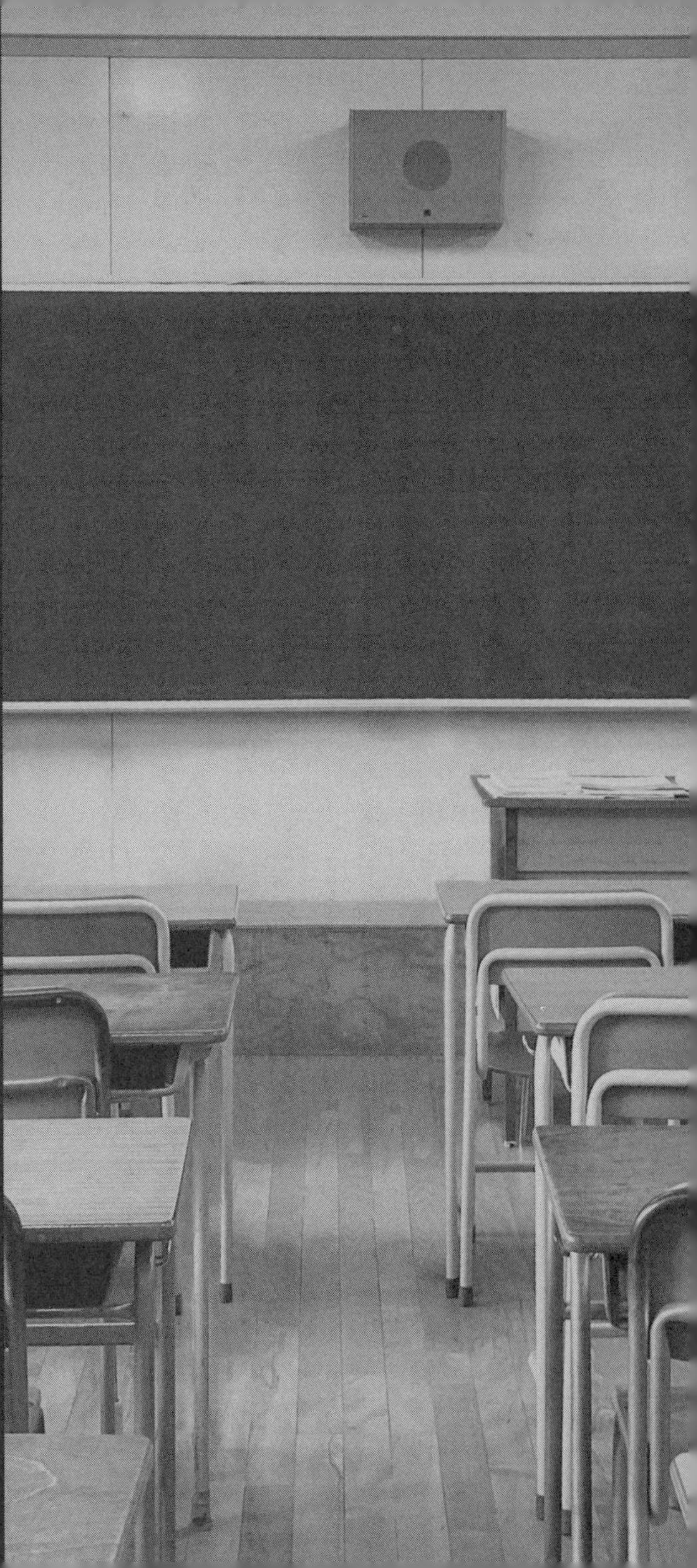

1 「臨床」という幻想

近づきがたいフィールドに入ること

私にとって、大学を出てフィールドに足を運び、当事者のリアルに迫ることとは、研究者を志してからの長らくの研究手法であり、自分自身のプライドでもあった。

「ミレニアム」（西暦二〇〇〇年）が近づく一九九〇年代の終盤、私は大学院に進学した。専門は教育社会学で、「児童虐待」を研究テーマに据えて、研究者への道を歩み始めた。

そのとき私が、どの同級生よりも意気込んでいたことは、「近づきがたいフィールドに入ること」であった。すなわち、児童虐待の当事者（被害者や加害者）に直接会って、その生の声から、日本社会における児童虐待対策の課題を描き出そうとしていた。

当時、児童虐待というテーマは、学術界ではとくに心理学の分野において積極的に議論が展開されていた。虐待者個人のパーソナリティや生育歴、あるいは家族との人間関係の視点から、虐待の要因や当事者支援が語られていた。

私の専門である教育社会学は、社会学の下位領域の一つである。児童虐待への社会学的アプローチといえば、アメリカでは貧困問題との関連を指摘する視点が蓄積されてきたものの、日本では当時、上野加代子『児童虐待の社会学』(1)があったくらいで、社会学の貢献はほとんどないに等しかった。また上野の立場は、「社会問題の構築主義」すなわち「児童虐待」の語られ方を研究の対象とするものであり、現実に起きている暴力やネグレクト（の当事者）を直接に対象とするものではなかった。

現実に起きている暴力やネグレクトについて、当事者のパーソナリティやその生育歴、家族関係といった心理学的な課題が注目を集めるなかで、社会学者としてそこに迫ることはできないか。もっと具体的に言えば、心理学者が着眼する個別の当事者の苦悩を、社会学的な観点から説明できないかと、私は考えた。

そうとは言え、私自身は何らかの心理職の資格をもっているわけでもなければ、医療や福祉といった臨床の場に身を置いているわけでもない。表だって語られることのない虐待の経験に、どのようにアプローチできるのか。当時、大学院の仲間にも「どのような方法で、インタビューに応じてくれる当事者を探し出すのか」とたずねられたこともあった。そしてそうたずねられるほどに、

「何としてでも、当事者にたどり着きたい。社会学の切り口から、虐待の防止に貢献したい」との思いを強くしたものであった。先に述べた「近づきがたいフィールドに入ること」というのは、このような意味においてである。

そこで私は、自分が住む愛知県内で虐待防止に取り組むＮＰＯの事務局を訪問した。右も左もわからない私を、スタッフは快く受け入れてくれた。ＮＰＯに持ち込まれる個別情報に触れることはできないものの、ちょっとした雑務を手伝いながら、虐待防止の現実の一端を学んでいった。そこでできたネットワークを使って、なんとか人伝に複数名の虐待被害の当事者を紹介してもらうことができた。また、虐待加害の当事者や子育てに不安を抱える保護者の声も、聞くことができた。

現場に臨み、問題解決を模索する

さて「近づきがたいフィールド」で私が社会学的に得た知見は、拙著『「児童虐待」へのまなざし』（世界思想社、二〇〇九年）を参照してほしい。ここで検討したいのは、フィールドで得た知見ではなく、フィールドに入るという営み自体である。

くり返すように、私は他の研究者が近づきがたいフィールドに足を運び、当事者の現実に迫ることを、自分の研究の強みとしていた。そして時を同じくして、私にはとても心強い言葉が、社会学界を席巻した——「臨床」である。

「臨床」とは、字義どおりには「病床に臨んで実地に患者の診療にあたること」（『大辞林』）を意味し、狭義には医療や看護の営みを指す言葉である。「臨床心理士」という資格があるように心理学のカウンセリングの営みもまた、臨床である。

なお余談だが、心理学系の大学人を悩ますのが、志願者や新入生の多くが、心理学＝臨床心理学と理解していることである。心理学には、その方法として臨床ではなく実験を軸とする立場もあれば、研究領域として認知心理学や発達心理学、社会心理学といった領域もある。それぞれ独自の発展を遂げてきているが、どうしても一般には、心理学といえば個人の心の悩みに寄り添う臨床心理学のイメージが先行しているようである。

いずれにしても心理学には「臨床」が付いてくるが、他方で同じ人間の行為を取り扱うはずの社会学では、「臨床」という表現は用いられてこなかった。ところが、二〇〇〇年前後から、「臨床社会学」関連の著書が社会学界を賑わせるようになる。社会学の下位領域も連動し、「臨床教育社会学」や「臨床家族社会学」を名乗るアプローチが台頭した。これは他の社会科学の領域も同様で、「臨床教育学」「臨床福祉学」「臨床政治学」など、さまざまな分野の研究者が「臨床」を掲げ始めた。

これらの新たなアプローチにおいて、共通した「臨床」の定義があるわけではない。だが、「臨床」の辞書的意味が「病床に臨んで実地に患者の診療にあたること」であり、また Oxford Living Dictionaries では、clinical（臨床）とは「理論的または実験的研究よりも、実際の患者を観察し治療することに関連する事項」と記してあることからも、「臨床」には、第一に現場（フィールド）に臨むこと、第二にその問題の改善にあたることが含意されている。すなわち、研究室や実験室に閉じこもりがちな研究者が、それぞれの学術的な視座をもって、何らかの課題を抱えた当事者のもとに出向き、その課題解決に資する方法である。

臨床からの離脱――象牙の塔からのアプローチ

私はこの「臨床」というパワーワードにすぐに飛びついた。自分は第一に、虐待の当事者に直接会って、その苦悩の声を聴いている。第二にもちろん、その苦悩が小さくなることを願っている。まさに自分の研究は「臨床」であると定義し、時流に乗ってその価値を高めようとした。

さてここまでであれば、ごくありふれた「臨床」の語りであろう。じつは私はこの「臨床」の時流に乗って自身を「臨床社会学者」だとアイデンティファイしたあとに、次第に「臨床」から離脱することになる。

二〇〇〇年代後半あたりからだろうか、私は自分がフィールドに足を運ぶことそのものを自己目的化していることに気づくようになった。フィールドに入っていれば、「臨床」研究が名乗れる。ただそこに入っただけにすぎないのに、「私は特別なことを知っています」という勘違いが、自分のなかで根を張っていた。

フィールドに行けば、もちろんさまざまな情報が得られる。だがフィールドに入っていけば、それだけで自分の研究の価値が高まるのか？ そのような疑問が、私自身における「臨床」へのあこがれを徐々に解体していった。

「フィールドに入りさえすればよい」と安直な臨床観を抱いてきた自分に嫌気がさして、私は大学という「象牙の塔」に閉じこもるようになった。「フィールド重視型」から「研究室引きこもり型」への転換である。もう当事者に会いに行くこともない。研究室のなかでできることをやろうと、調査研究の方法を根幹から変えていった。具体的には、パソコンを前にして既存の統計資料の二次分析を進めていった。

当時の私はちょうど児童虐待とは別に、学校管理下の子どもの安全について関心をもち始めていた。そこで、日本スポーツ振興センターが毎年刊行している『学校の管理下の災害』を一次資料として、学校事故の二次分析に着手した。『学校の管理下の災害』では、当該年度に見舞金が支払われた死亡事故と障害事故の全事例が、一件あたり数行ずつ紹介されている。過去の事例から最新の事例まで、二十数年分の死亡事故をとりまとめて、数量的な処理を加えていった。

その過程で見えてきたことの一つが、柔道による死亡事故であった。二十数年の間に百人を超える中高生が死亡していた。その分析結果をすぐに、私が主宰するウェブサイト「学校リスク研究所」に公開した。すると数週間ほどして、柔道で子どもが重大な障害を負ったという母親からメールが届いた。それをきっかけにして、柔道で子どもが死亡したり障害を負ったりした被害者家族らとのネットワークが、一気に拡がっていった。一連の研究の成果は、拙著『柔道事故』（河出書房新社、二〇一三年）にまとめた。

物理的な空間を超えて

フィールドから離脱して、当事者の声とは縁のないような無機質な数字に向き合う。その数字の分析結果を公開したとき、突如として当事者の声が次々とメールやＳＮＳで自分の手元に届き、数字が指し示していることの解釈が進んでいく。そして当事者やマスコミが、数字を使って世論を喚起する。気がつけば柔道事故は、多くの教育関係者が知るところとなり、全日本柔道連盟をはじめ関係者が柔道の安全指導に乗り出すまでに、問題解決の営みが進んでいった。

かつて、「近づきがたいフィールドに入る」ために、一つずつネットワークを拡げていってようやく虐待の当事者に出会えたことを思うと、そうしたプロセスを丸ごと略したかたちで私は柔道事故の当事者に出会ったことになる。かつその成果は、日本全体の世論を喚起し、大規模な問題解決に帰結するほどの力をもった。

エビデンス・ベースドによる研究の原点にある「科学的根拠にもとづく医療」の初期の論考には、現場とエビデンスとの関係性について興味深い指針が記されている。すなわち、これからの医療は、診療で困ったときには、権威（教科書や先輩）ではなくパソコンのほうに振り向くべきである[2]。指針は、目の前の医療現場にではなく、論文データベースのなかにあるというのだ。

学部時代に、デュルケーム（E. Durkheim）の『自殺論』を読んだときのことを思い出す。個々人の苦悩（として処理されがちなこと）が、社会を「もの」のように見ることから検討に付されるということに驚きを禁じえなかった。デュルケームの関心は、過剰な自殺数の抑制にあった。その際に自殺の問題を、当事者に会ってそこから拾い上げていくのではなく、「もの」としての社会という、すぐれてフィールドから遠い地点において把握したのであった。

物理的にフィールドに臨む研究の成果が、そのフィールドに還る可能性をもっていることは言うに及ばない。だが、物理的なフィールドに直接には根ざしていないとしても、このネット社会においては当事者のリアルに接することが可能であるし、その成果がフィールドに還る可能性も大いにある。「研究室引きこもり型」の研究に従事しながら、私は今日、その思いを強くしている。

学校の実情や肌感覚もわからないままに、象牙の塔に閉じこもって教育を論じることの弊害は、もちろんある。だが「臨床」研究の遂行にあたっては、必ずしも物理的なフィールドに入らなくてもよい。いま「臨床」は、物理的空間を超えて、ネット空間に際限なく拡がっている。

Twitter からの働き方改革

こうした私の経験は、今日の教育界を席巻している働き方改革の動向と重なるところがある。

ここ数年の部活動改革を起点とする教員の働き方改革は、Twitter を舞台にして展開してきた。Twitter 上で部活動改革の声をあげた教員の有志グループ「部活問題対策プロジェクト」（二〇一五年一二月〜）のメンバーであり、中学校教諭の優木賢太は、Twitter の威力をこのように振り返る。

簡単には学校は変えられない。学校の中はすごく保守的だからだ。だが、一度クレームがあれば変わらざるを得ないのも学校である。ならば、外から圧力をかけて変えてやればいい。そこで私は「部活にまつわる世論から変えていこう」と考えた。

まずは部活の問題を訴えるブログを始めた。しかしアクセスは思うように伸びない。これでは世論を変えるどころではない。ならばと、ブログの宣伝目的で Twitter を始めた。学校や教育に関連するアカウントをフォローしまくり、部活の問題に関してひたすらツイート、リツイートしまくった。当時は部活問題に関するアカウントはほとんどなかったが、徐々にフォロワーは増え、ブログのアクセスも伸びていった。同時に部活問題に注目するアカウントも徐々に増え、ブログの宣伝目的で始めた Twitter も、徐々にそちらの活動がメインになっていった。

（略）もっともっと多くの人に声が届けば、もっともっと多くの理解者が増えるはずである。そして、いつか世論さえも動かせるはずだと信じるようになった。そう信じて部活問題の拡散活動を続けていった結果、現在の通りである。(3)

優木がいう「ひたすらツイート、リツイート」という表現は、印象深い。ほんの小さな「つぶやき」の積み重ねが、ときおり驚異的なリツイート数を生み出し、さらにはマスコミを動かしている。

部活動改革が Twitter を舞台にして拡大してきた背景には、次の三つが考えられる。

第一が、Twitter（を含むSNS）利用の拡大である。第二が、部活動の指導に苦しむのは若手・中堅世代であり、その世代と Twitter（を含むSNS）利用との親和性である。

そして第三に、私が何よりも強調したいのは、「学校の中はすごく保守的だから」である。学校文化は、部活動指導を前提に成り立っている。部活動に時間と労力を割いてこそ、一人前の教師である。そのような意識のなかで、部活動指導への抵抗感をあらわすことは容易ではない。だから教員は匿名性の高い Twitter 上で苦しみの声をあげ、そこで思いを共有し、改革の方途を探ってきた。学校の問題解決を目指すために教員がとった方法は、物理的な学校空間の外に出て、匿名のインターネット空間において、自分の意見を公にすることであった。それが、ここまで改革の機運を高めてきた。

「（物理的に）フィールドに入っていけば、当事者のリアルに迫ることができる」――私は長らくそう信じてきた。だが、物理的に特別な空間に潜入できたところで、そこに答えがあるとは限らない。その特別なフィールドから距離を置いたときにこそ、リアルが可視化されることがある。そうだとすれば、フィールドの問題解決を志向するためには、フィールドから離れて象牙の塔に閉じこもることもあってよいはずだ。

先述したように「臨床」は、第一に現場（フィールド）に臨むこと、第二にその問題の改善にあたることを意味している。第二の問題の改善を目標とするにあたって、それは必ずしも物理的なフィールドに踏み込むことを要件とはしない。それどころか、フィールドに入ることによって、視界が曇ってしまうことさえある。

「学校」を論じたいならば、「学校」から離脱せよ。これが、苦悩の声を拾い上げていくためにとりうる、新たな「臨床」研究の指針である。

2　丸裸の先生が学校を変えていく

非難の語彙——「あなたは現場を知らない」

「あなたは現場を知らない」「教員として少しでも働いてから、学校について語るべきだ」——これまで私が、教育関係者からたびたび投げかけられてきた言葉だ。

私だけではない。何らかのかたちで学校と接点のある教育学者であれば、一度や二度は同じような意見を受けたことがあるだろう。それらは私たち教育学者にとって、定番の「非難の語彙」と言える。

「非難の語彙」とはすなわち、議論の相手を圧倒するために、あらかじめ言論の世界に用意されている語彙である。学校に身を置く者にこそ学校を論じる資格があり、学校外の者は口出しするな

——これは、上西充子《うえにしみつこ》が言うところの「呪いの言葉」に重なる。

「呪いの言葉」とは、「相手の思考の枠組みを縛り、相手を心理的な葛藤の中に押し込め、問題のある状況に閉じ込めておくために、悪意を持って発せられる言葉[1]」を指す。たとえば、長時間労働や不払い残業などに対して声をあげれば、「嫌なら辞めればいい」という言葉が返ってくる。

上西によれば、「嫌なら辞めればいい」という言葉は、不満を漏らしている側にこそ問題があるかのように思考の枠組みを縛っている。本人を追い詰めている側の問題には、目が向けられない。

「嫌なら辞めればいい」というリアクションは、労働問題に限らない。学校教育の領域でここ数年大きな話題になっている部活動の負担についても、たとえば教員が「部活の指導はしたくない」、あるいは生徒が「部活の練習がキツイ」と漏らせば、「嫌なら辞めればいい」と言い返される。労働であれ教育であれ、その領域を問わず、「嫌なら辞めればいい」という主張は、「辞められるはずなのに、なぜ辞めないのか」と相手を問い詰め、論点を当人の選択の問題に誘っていく。

このとき上西の表現を借りれば、相手の土俵に上らないこと、そこから降りることが必要となる。「なぜ私は辞めないのか」の答えを探してはならない。そのように自分の選択の問題として処理させようとする圧力こそを問い返すべきであり、理不尽な労働や教育を押しつけてくる側こそが悪いのだととらえ直していく。

教育の「現場」とは何なのか？

「あなたは現場を知らない」という言葉もまた、相手の思考の枠組みを縛り、相手を心理的な葛藤へと導いていく。「あなたは現場にしっかりと身を置いてから、発言すべき」と諭され、「なぜ自分は現場に入ってこなかったのか、いますぐに現場に入らなければならない」と反省を促されるのだ。このとき、「あなたは現場を知らない」と主張する側の態度が問われることはない。

義務教育のあり方を哲学の視点から問い直しつづけている苫野《とまの》一徳《いっとく》もまた、幾度となく「あなたは現場を知らない」という言葉に向き合ってきた一人だ。苫野はこの非難の語彙に対する見解を、私との対談企画のなかで次のように表現した。

私はいつもこう言っています。教育の「現場」は、「学校現場」だけじゃないのだと。教育はとんでもなく広範な世界です。学校現場だけでなく、行政現場もあれば、子育て現場もある。社会教育の現場もあれば、学問現場もある。そうした様々な「現場」の知見を生かし、協働し合うことが大切なのだ、と。(2)

私はこの主張に、全面的に賛同する。なぜなら私自身も個人的な経験から、まったく同じような考えにたどり着いていたからである。苫野の考えを聞いたときには、これほどまでに同じ感覚をもつものなのかと驚いたほどだ。

相手の土俵の上で相撲をとってはならない。「あなたは学校の現場を知らない」と学校の教員が私を非難するのであれば、私は同じくその論理を逆手にとって、「先生方は研究の現場を知らない」と反論したくなる。

もっと言えば、私は一日中、学校のあり方を考えている。目の前の業務に日々追われている教員よりも、よほどじっくりと学校の課題に向き合っているとさえ主張しうる。それでも、「あなたは学校の現場を知らない」と非難され、一方で「研究の現場」のことには見向きもされない。学校とは、議論のアリーナにおいてあらかじめ優位性の高い現場だということなのだろうか。

マウンティングから対話へ

教育という広大な領域には、そこにかかわる複数の「現場」がある。各現場の関係性について、苫野は先の発言につづけてこう述べている。

それに、ちょっと言いづらいですが、そうした方が言われる「現場」は、実はその方が経験したほんの何校か、何クラスかの「現場」に過ぎなかったりもするんですよね。それをもって現場一般を語るのは、ちょっと乱暴な話だと思います。だからこそ、私は、「これが私の現場の知見です。あなたの現場の知見はどうですか？」と問い合うことこそが、誠実で建設的な対話の仕方なのだと言っています。教育学の世界でも、「学校現場に出ている研究者の方が偉い」みたいなことを言われる「現場」志向の先生がいらっしゃいますが、それもやっぱり、おかしな話です。それぞれの研究「現場」を、もっとリスペクトし合いたいものだと思います。(3)

私たちは、それぞれが何らかの現場に身を置いている。そしてどの現場の住人であろうと、あるいは仮に複数の現場を渡り歩いていようと、その経験や視野には限りがある。

私たちはそもそも完璧ではない。つねに他者からの助けを必要とする。だからこそ、お互いの立場をリスペクトして、それぞれの知見を持ち寄り、建設的に対話していくことが大切なのである。

「あなたは現場を知らない」は、既存の動かしがたい立場を利用して、相手にマウンティングするための武器と化す。それは、「子どもがいないのに」「結婚もしていないくせに」といった語彙と同じである。さらに誤解を恐れずに言えば、弱者から発せられるような「被害に遭ったこともないのに」あるいは「正規採用で働けているあなたにわかるはずがない」などの語彙も同様である。

この論法のもとでは、学校で働いている／子どもがいる／結婚している／被害に遭ったことがある／非正規で働いている者にとって、その議論は最初から勝ち戦となる。他方でその対岸にいる人たちにとっては、最初から負け戦となる。その立場にフルに参入することが難しい以上は、何を主張しても「あなたに私たちのことはわからない」と返される。最初から勝ち負けが決まっているやりとりは、対等な議論の場になりえない。

苫野が述べているように、教育の議論において「あなたは現場を知らない」と主張するのは、学校の教員だけではない。研究者もまた同じである。

「教育学の世界でも、『学校現場に出ている研究者の方が偉い』みたいなこと」が、「臨床研究」の名のもとにまかり通ることがある。「私は学校に長期間、調査に入っている」「何度も学校に足を運んでいる」という主張が、学校に入っていない研究者の主張を凌駕するかのように感じられてしまうのだ。前章で私が学校を重視するという意味での「臨床」研究に懐疑を示したのも、こうした理由からである。

私は、学校に赴く臨床研究が不要だと言いたいのではない。学校に行けば、研究室に閉じこもっていては得られない新しい情報を多く得ることができる。だが学校にどれだけ多くかつ長く足を運んだからと言って、それをもって他の研究者よりもすぐれていることの証にはならない。

そして、「あなたは現場を知らない」と見下されたときの解決手段に、臨床研究を選ぶ必要もない。それは相手の土俵で相撲をとることになる。相撲をとったところで、また見下されることもあるだろう――「少し学校に入っただけで、わかるわけがない」と。私たちは、お互いの社会的属性や立場の制約から、どうしても近づけないことがある。そうだとすれば、相互に近づきがたい「現場」を、ともにリスペクトするための対話にこそ、可能性を見出すべきである。

ポストモダンの文脈から「現場の外での訴え」を読み解く

学校との埋めがたい距離を私がここまで強調するのは、たんに研究者の立場と学校の教員の立場は、実質的に同一化できないとの理由からだけではない。教育問題を解決していくための舞台は、必ずしも学校のなかに用意されているわけではないからでもある。前章でも述べたとおり、教員の働き方改革の震源地は、職員室ではなくTwitterであった。

「子どものために時間やお金に関係なく献身的に働いてこそ一人前だ」という教師像のもとでは、休みを望んだり残業代をほしがったりするような意見は受け入れられない。学校にどれだけ足を運んでも、見聞きできるのは正統な教員文化からの回答ばかりである。だからこそ不満や苦悩の声は、学校を離れた匿名の空間へと助けを求めて流れ出ていった。某映画のセリフになぞらえれば、「訴えは現場で起きているんじゃない。現場の外で起きているんだ！」である。

学校の外にあるTwitterこそが改革の舞台となってきた事態は、すぐれてポストモダン的な現象として説明できる。

ポストモダンあるいはハイ・モダニティ[4]、第二の近代[5]と複数の呼称があるものの、いずれにおいても近代社会の行く末を示す鍵概念の一つの「個人化」がある。近代社会においては、産業化が進むなかで、まず伝統的な共同体から個人が解放される。だが正確には、個人は丸裸で解き放たれたのではなく、家族、学校、企業、組合、国家といった中間集団に所属することになる。

中間集団の例において、家族はそれ以外の学校や企業などと異なり、没時代的な普遍的な集団のように感じられるかもしれない。だがアリエス（P. Ariès）が述べるように、近代における「家族意識の急速な成長」をみるに、「勝利を収めたのは個人主義なのではなく、家族なのである」(6)。

近代以前、人びとは家業として自給的な農業によって生計を立てていた。人の生から死に至るまでのあらゆる場面において、共同体の成員との協働なしには、人びとの生活は成り立たなかった。両親と子どもから成る家族とのつながり以上に、共同体のなかでの血縁を超えた人間関係に支えられて、人びとの生命や生活が維持されていた。

近代に入ると共同体を基盤とした生活は、産業化によって大きな変貌を遂げる。これまで家族は生産労働の場であったが、産業化は、工場という生産労働の場を生み出した。その結果、家族は、生産労働とは対比的な場、すなわち消費・生活の場へと変質する。新たな生産労働の場が確立されることで、新しく消費・生活の場としての家族が、一つの自立した単位として誕生した。

この歴史的変動は、公的領域と私的領域の分断とみることができる。公的な領域において人びとは生産労働に携わり、私的な領域において、限られた成員が生活を共にし、情緒的に親密な関係を築きあげる。近代社会は、公的領域（工場・企業、学校、病院など）を発達させ、そのいっぽうで、私的領域としての家族を生み出した。近代社会において誕生したこのような家族は、「近代家族」とよばれる。今日の私たちが思い描く家族とはけっして没時代的・普遍的なものではない。企業と家族のいずれもが、近代社会の根幹をなす制度として、理解されなければならない。

中間集団を飛び越えた情報発信と連帯

近代社会では、伝統的共同体から個人が抽出されて、その個人は新たな近代型の居場所に身を置くことになった。ギデンズ（Giddens）の言葉を用いれば、伝統的共同体から「脱埋め込み化」されることになった(7)。そして、近代の中間集団に「再埋め込み化」される。グローバル化が進んだポストモダン／ハイ・モダニティ／第二の近代において個人は、中間集団から抽出（脱埋め込み化）され、ついに所属なき丸裸の個人として世界に向き合うことになる（図2－1）。

これまで人びとは中間集団に所属し、世界につながるとしてもそれは中間集団を介してつながっていた。たとえば「英語を勉強したい」のであれば、学校間の留学協定に頼る必要があった。ところが今日においては、中間集団のお膳立てはもはや不要である。自宅にいながらインターネットを介して、オンラインの英会話サービスが活用できるし、究極には自分で英語が話せるだれかを探し出してもよい。語学力を高めるという目的であれば、それで十分だ。

教員の働き方改革は、Twitterをとおした学校外での情報発信とその連帯の産物である。中間集団に頼らずにその枠を越えたところで、丸裸の個々人がゆるく連携しながら、改革が進んできた。すぐれてポストモダン型の展開をたどってきたといえる。

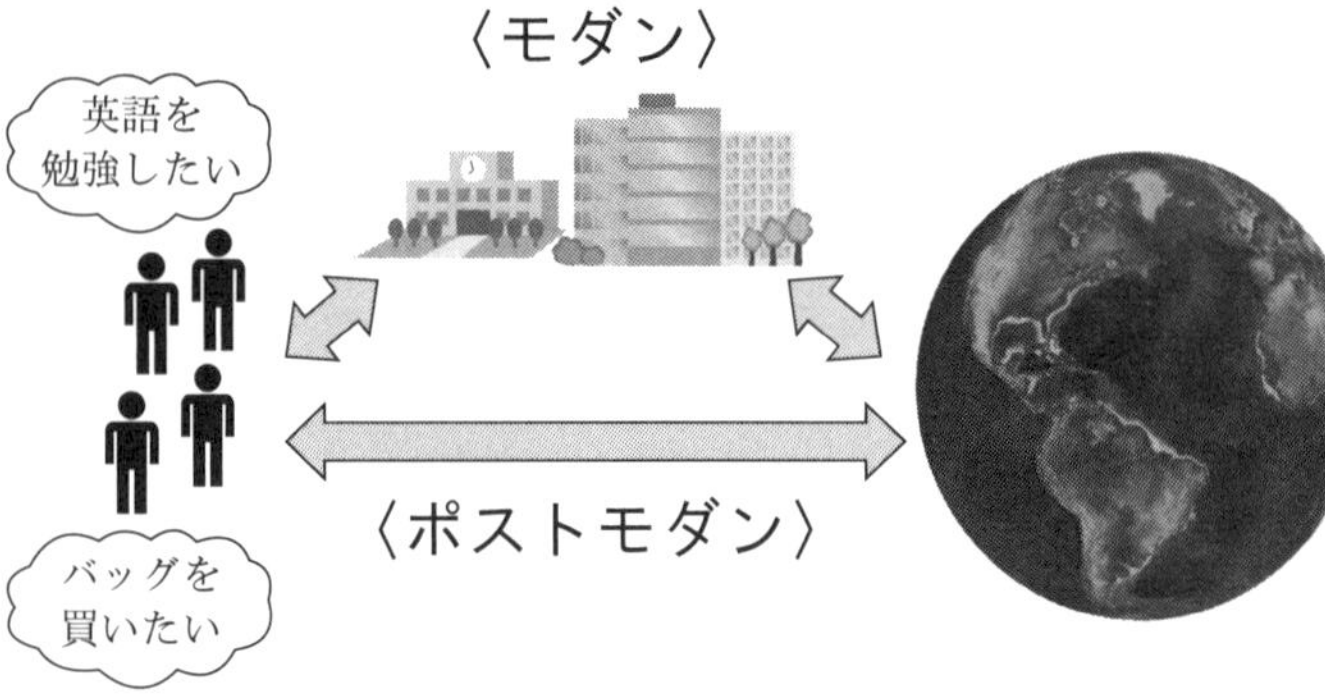

図２－１　モダンまたはポストモダンにおける個人と社会・世界との関係性

中間集団は集合的な力によって、個々人の自由を制約してきたけれども、個々人はそこに安住することができた。ポストモダンの時代は、それらが解体される。丸裸の個々の教員は、学校という束縛から解き放たれて、無限に拡がる匿名空間で「学校がシンドイ」と情報発信できるようになった。

ただし中間集団は、個人にとってリスクの防波堤として機能しうる。学校は先生を守ってくれる。だが中間集団がその影響力を失うことはつまり、いまやリスクが個人に直接降りかかってくるということでもある(8)。

今日、学校の働き方改革に関連して何人かの先生たちが、ネットやテレビで顔や実名を出し始めている。学校の代表でも、組合の代表でもない。ただの一個人だ。リスクを背負って闘う個々の先生たちを、私たち各々が支えていかなければならない。学校を要件としない、インターネットを介した新しい対話の危険性と可能性が拡がっている。

3　組織に閉ざされる個々の声

二重に閉ざされた空間

インターネット空間が拡がる今日において、「臨床」研究は必ずしも学校という物理的なフィールドを要するものではなくなった。

しかも学校は、外部からの取材や調査研究に警戒しているように見える。長時間労働で疲弊する実情を知りたいと、テレビ局が教育委員会や学校にお願いしても、取材許可が下りることはほとんどない。

二〇一九年、福井テレビが開局五〇周年を記念して、ドキュメンタリー番組「聖職のゆくえ～働き方改革元年～」を制作した。さまざまな業務に追われる教員の日常的な姿と、その背景にある教員の給与制度の問題点が描き出されている。

番組は、二〇一九年日本民間放送連盟賞のテレビ報道番組部門で、最優秀賞を受賞した。主催した日本民間放送連盟のウェブサイトによると、受賞理由は、「取材が困難な学校にカメラを入れるとともに、給特法成立の経緯を詳らかにし、歴史的経過が生み出した今日的で普遍性のある問題に焦点を当てたことが高く評価された」とのことである。

学校への取材の難しさについては、番組のなかで次のように言及されている――「教員の仕事はどれほど大変なのか。その現場を取材したいと、いくつもの学校に申し込みました。しかし、密着取材を受けてくれる学校はなかなか見つかりません。最後に頼ったのは、母校でした」。担当ディレクターの出身校にお願いすることで、ようやく密着取材が実現したという。校長が、「とにかく現場の教員、現場の様子を、一人でも多くの人に見ていただきたい」と述べているように、じつにリアルな、教員の日常の風景がとらえられている。

福井テレビに限らず、マスコミが教員の働き方に関して取材に入ろうとするのは、けっして学校バッシングのためではない。聖職たる教員が、膨れあがった業務に追われている姿を見える化し、人びとの理解を得るためである。ところが、学校にとってプラスに作用するであろう取材を、ほとんどの学校は断ってしまう。

私自身、マスコミからは「どこか、取材を受け入れてくれる学校はないか」と打診されることも多い。だが、残念ながら紹介できるところといえば、すでにたびたび話題にあがっているような学校くらいしかない。そうした学校は校長がリーダーシップをとって大胆な改革を進めている。それゆえ、校長も快く取材を受け入れる。逆に、取材依頼が集中しすぎているという理由から、取材を断らざるをえないこともあると聞く。

マスコミでとりあげられるそうした定番の学校は、実際に新たな取り組みが進み、その様子も教育関係者の間でよく知られるところとなっている。一方でマスコミ側には、そうした特別な学校ではなく、ごく普通の、どこにでもありそうな学校の様子をとらえたいという関心も強い。しかしながら、そうした学校は一般にマスコミへの警戒心が大きく、取材はお断りとなる。

すでに言及してきたように、Twitter 上で教員の働き方改革の声があがったのは、学校のなかでその話題を共有できないからであった。「子どものために時間やお金に関係なく献身的に働いてこそ一人前だ」という考え方が根強いために、「早く帰りたい」「部活動は指導したくない」「残業代がほしい」といった意見は、聖職者としての崇高な教師像を汚すことになる。こうして第一に、学校の内部において、悲痛な叫びにフタがされる。そして第二に、外部に対しても、学校の日常は秘匿される。学校空間の苦悩の声は、対内かつ対外の意味で、二重に閉ざされていく。

「試合に負けてよかった」

二重に閉ざされた学校空間について、そのリアルをとらえることは容易ではない。

はたして教師は、今日の学校の現状をどのように受け止めているのか。中学校教員において、負担が大きい仕事の一つとして知られ、また実際に教員の長時間労働是正の出発点ともなった「部活動」を題材にして、検証していきたい。

まず長期的にみて、学校の部活動は過熱の一途をたどってきた。文部科学省が二〇一六年度に実施した「教員勤務実態調査」によると、二〇〇六年度と比較して小中学校の各種業務のなかで突出して労働時間が増加したものが、中学校の土日における「部活動・クラブ活動」であった。土日では一日あたりで、六三分もの増加となった（図3－1）。

今日では、中学校や高校の前を通りかかると、一本や二本は、部活動の功績を称える垂れ幕が下りている。一〇本以上の学校もある。小学校でも部活動が設置されている学校の間では、垂れ幕文化が拡がっている。垂れ幕と言えば、白地に黒と赤の文字というのが定番であるが、今日ではフルカラー仕様の派手な垂れ幕も見かける。そして学校に入れば、玄関先や職員室に向かうまでの廊下に、部活動関連のトロフィーが飾られている。学校の本務は授業であるはずだが、外部の者が一見すると、学校は授業よりも部活動に何倍もの力を入れているようにさえ感じられる。

他方で、これまで私が学校の働き方改革にたずさわってきたなかで、私の印象に強く残っている言葉の一つを、ここに紹介したい。部活動の試合に関するツイートで、「今日、チームが試合で負けた。これで明日から休みになって、よかった」といった旨の発言である。まさか、自分が指導する生徒たちが試合に負けたにもかかわらず、「明日から休みになって、よかった」とは、教育者と

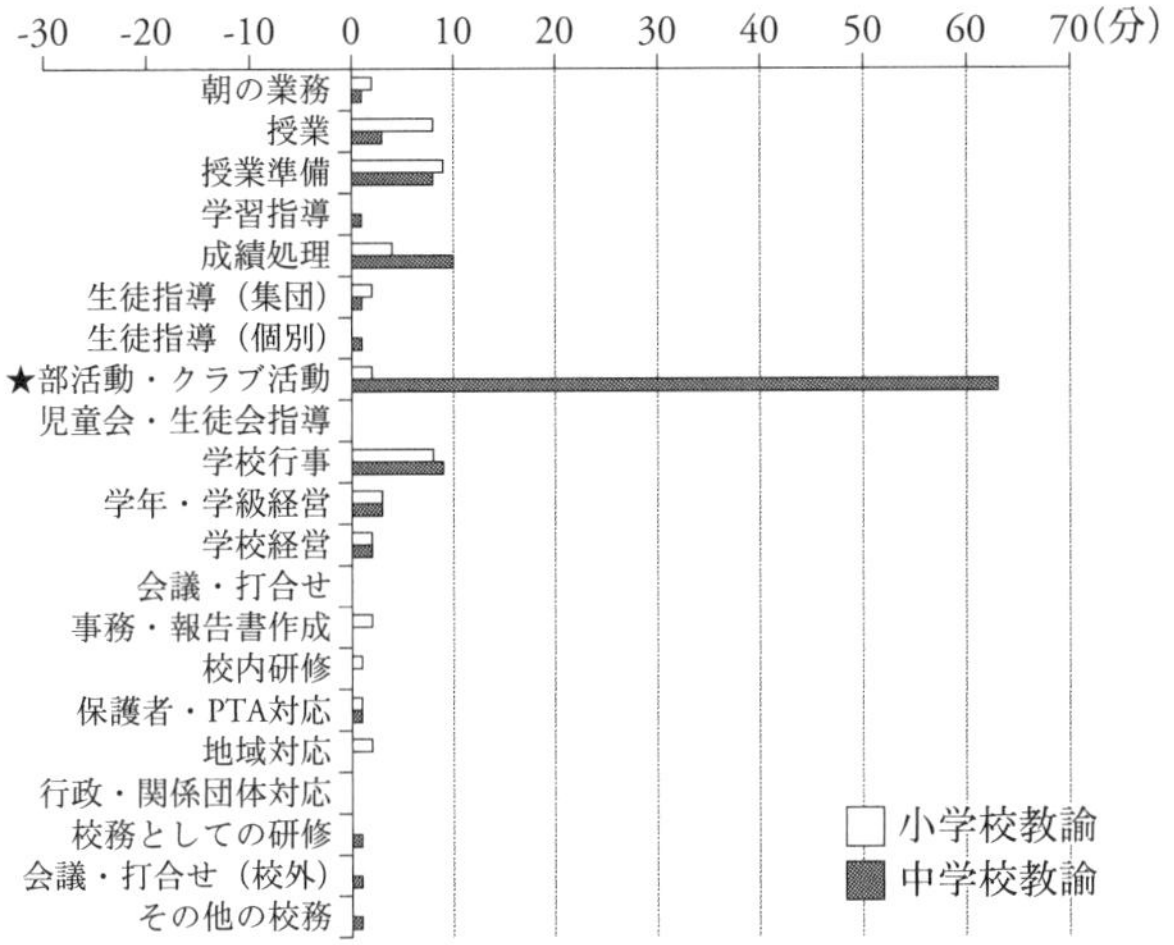

図３－１　教員勤務実態調査における10年間（2006年と2016年）の変化（休日）

してあまりに不謹慎であるようにも思える。だが、それがリアルなのだ。

そのつぶやきからは、教師がいまどれほど追い込まれているのかが、よくわかる。生徒が悲しむ姿を見て、うれしく感じてしまうとは、もはや異常事態である。平日は夜遅くまで、さらには土日も仕事の日々がつづくからこそ、思わずそういった感情がこみあげてくる。

私は共同研究として二〇一七年度に「中学校教職員の働き方に関する意識調査」と題する質問紙調査を、全国規模でおこなった（詳細は『調査報告学校の部活動と働き方改革――教師の意識と実態から考える』（岩波ブックレット、二〇一八年）を参照）。設問で「来年度、部活動の顧問を担当したいか」とたずねたところ、「担当したい」が五二・一%、「担当したくない」が四七・九%と、職員室の意見は見事に二分された。

一見すると学校は部活動の活性化に積極的に力を注いできたように見える。ところが個々の教員のホンネを聞いてみると、まるで正反対の声も聞こえてくる。部活動をめぐる教員の態度は、賛否が同程度に共存している。

個人と組織のズレ

個々の教員の意見を調べた限りは、部活動に対する態度は、賛否が半々だ。ところが、ここで強調したいのは、そうした個々の意見とは別に、組織としての学校がどのような答えを出しているのかである。

スポーツ庁が全国の中学校と高校を対象に二〇一七年七月に実施した調査は、校長／教員／生徒／保護者といったさまざまな主体に回答を求めている（詳細は「平成二十九年度　運動部活動等に関する実態調査　報告書」を参照）。校長は組織として当該校の現状を回答しており、その回答と個々の教員の回答とを比較することで、個人と組織の間の相異をみてとることができる。

まず、教員の部活動顧問の配置について、校長対象の質問では、①全教員が顧問に当たり、一つの部に複数名の顧問を配置／②全教員が顧問に当たり、人数は部員数等に応じて配置／③全教員が複数の顧問に当たる／④運動部のみ複数名の顧問を配置／⑤希望する教員が顧問に当たる／⑥その他、以上の計六つの選択肢が用意されている。①～④を顧問担当が「強制」されているとみなし、

⑤を顧問担当は「希望」によるものとみなすことができる。

同様の質問が教員対象の質問紙にもあり、①全教員を当たらせるべき／②希望する教員のみを当たらせるべき／③どちらともいえない、の計三つの選択肢が用意されている。①を「強制」、②を「希望」とみなして、上の校長の回答と比較してみよう（図3－2上）。

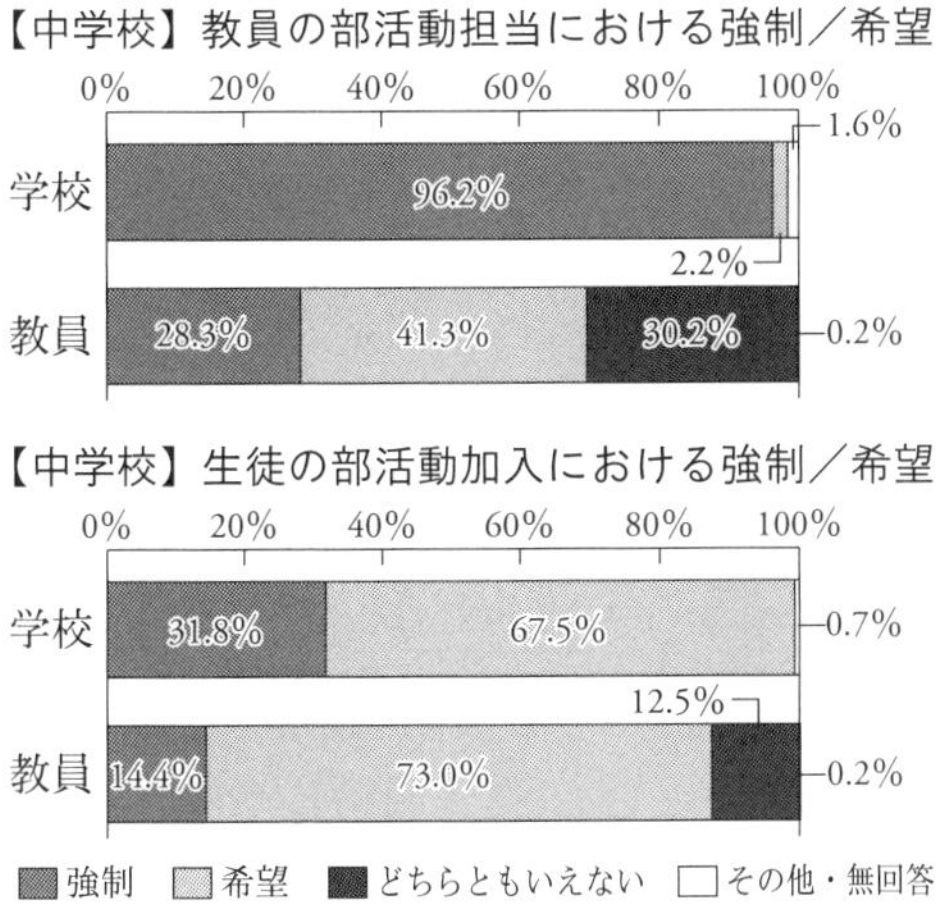

出典：スポーツ庁の報告書をもとに筆者が作図

図3－2　中学校の部活動における指導ならびに加入の「強制」と「希望」

図からはっきりわかるように、調査対象校のなかで全教員に顧問担当を「強制」しているのは九六・二%にのぼり、「希望」はわずか二・二%である。一方で調査対象教員のなかで全教員に顧問担当を「強制」すべきと答えているのは二八・三%にとどまり、「希望」は四一・三%である。つまり、個々の教員のレベルでは、「希望」にすべきと考える者が多いけれども、校長の判断としてほぼすべての学校で「強制」の体制がとられている。

学校として全教員に顧問担当を「強制」するのは、各教員の負担を公平にしたい（特定の教員に負荷を集中させない）という狙いや、そうしないと学校の部活動運営がまわっていかない（多くの部活動を運営していくには人手が足りない）という事情がある。いずれにしても、個々の教員の意志は過小評価されて、全教員が一致団結して部活動を運営する体制が整えられている。

これは、生徒の部活動加入にも当てはまる。そもそも部活動は、中学校ならびに高校の学習指導要領では、生徒の自発的な活動と定められている。活動にたずさわるか否かは、生徒が自分自身で決定できる。

生徒の部活動への所属について、校長対象の質問では、①生徒の希望／②全員が所属し、活動も原則参加／③全員が所属するが、活動への参加は生徒の意思／④全員が運動部と文化部に一つずつ所属し、活動も原則参加／⑤全員が運動部と文化部に一つずつ所属するが活動参加は生徒の意思／⑥その他の、計六つの選択肢が用意されている。②〜⑤を部活動への加入が「強制」されているとみなし、①を「希望」によるものとみなす。

同様の質問が教員対象の質問紙にもあり、①希望する生徒が部活動に所属すべき／②教育の一環であり、生徒全員が部活動に所属すべき／③どちらともいえない、の計三つの選択肢が用意されている。

回答結果を図示すると（図3－2下）、三一・八％の学校が生徒に部活動への加入を「強制」しているのに対して、そうすべきと考えている教員は一四・四％にとどまっている。個々の教員が考える以上に、学校は生徒に対してより積極的に、部活動への加入を「強制」している。

休みたくても練習

前述の調査は、組織の方針と個人の意識を比較検討したものである。もう一つ、個人の理想と現実の観点から、部活動の実態を読み解きたい。

神奈川県が二〇一三年に実施した運動部活動に関する調査は、中学生、高校生、教員のそれぞれに、一週間における理想の活動日数と現実の活動日数をたずねている（図3－3）。

中学生において「六日以上」と回答した割合は、理想の活動日数では四六・一%、現実では七七・六%で、その差は約三〇ポイントにのぼる。これは中学生だけではなく、高校生や教員もほぼ同様の傾向を示しており、理想とする部活の日数を、現実の日数が大きく上回っている。生徒も教員も、お互いに本当はもっと休んだほうがいいと思っている。ところが現実には、お互いにその理想を大幅に超えるかたちで、練習に励んでいる。

理想とは、個々人が思い描く部活動のあり方である。一方で現実とは、個々人の思いとは別に、お互いや集団全体の状況に左右された末の結果である。「休めば試合に負けてしまうかもしれない」といった不安が、生徒や教員を部活動に駆り立てているとみることができる。

第1章で指摘したように、部活動は今日の学校教育に所与のものとして組み入れられている。教員は部活動を指導してこそ一人前とみなされ、生徒も部活動に積極的に参加すべきと考えられてい

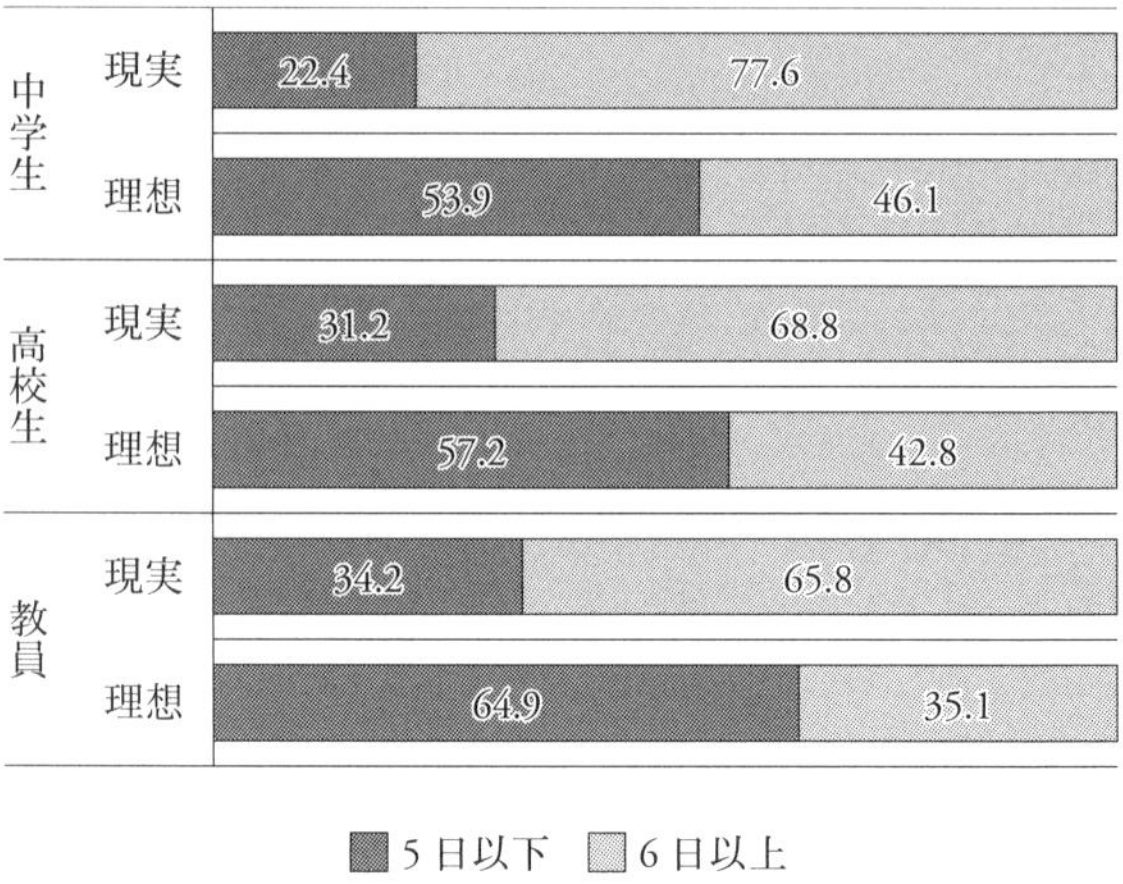

出典：神奈川県の報告書をもとに筆者が作図

図３－３　中学生／高校生／教員の運動部における一週間あたりの活動日数の理想と現実

る。今回とりあげた各種調査結果からも、一見すると現実の部活動に、多くの教員や生徒が前向きに参加しているようである。

ところが個々の教員に匿名の質問紙で問いかければ、必ずしもそうは言えない結果が浮かび上がってくる。学校のなかでは、個々の教員の思いは従来の学校文化によって封殺されている。

そこでは、「多元的無知」すなわち「集団の多くの構成員が個人的には集団規範に抵抗を感じているにもかかわらず、他のほとんどの構成員はそれを受け入れているはずと（誤って）想定している状況[1]」が生じていると推認される。多元的無知は、「裸の王様」を例にして説明されることが多い。

「裸の王様」では主人公の王様は、美しい服を着ることに固執していた。そこに布折職人を名乗る詐欺師がやってきて、馬鹿な人には透明で見えないという特別な服をつくってみせた。王様も側近もその透明の服を褒め称え、王様は裸のままパレードをおこなう。民衆が口々に「すばらしい」というなか、ひとりの子どもが「王様は裸だ！」と叫び、皆が事実を受け入れる。「裸の王様」とは、自分の地位の高さゆえに周囲の批判や指摘を無視し、現実が見えなくなっている権力者を指す。

ここで「多元的無知」において重要なことは、（裸であるはずの）王様の姿を褒め称える民衆の内心である。自分自身は「おかしい」と感じても、周りのみんなはそう感じているように見えない。こうして「おかしい」という感覚にフタをしてしまう。

「教員であるからには、○○するのは当然だと、みんなそう思っている」との想定が、職員室を一枚岩にし、それは同時に「○○がしんどい」という思いにフタをかぶせる。立場や意見のちがいにかかわらず、現場は一様でありつづける。

ここで重要な点は、じつのところ思いのほか職員室のなかの意見は多様であり、ときに賛否は同程度にわかれていることである。言い換えれば、職員室にはお互いが意見を交わしうる土壌がある。既存の文化に抵抗したり、多元的無知の状況を解いたりすることは、容易ではない。だが、部活動史上これほどまでにそのあり方が議論されたことはない。いまこそ、新たな一歩を踏み出すときである。

第Ⅱ部

部活動はだれのためか

4 スポーツにケガはつきものか
コピペ事故の構造

雨が降ることさえも止められる⁉

個々人の思いが、集団の文化によって封殺される。だが、救いを求める声が当該集団の枠を越えたところで見える化し、議論が高まり、新たなフェーズが訪れる。救いを求める声は、その苦悩がほんの少しでも緩和されること、いまとは別の世界がありうることを願って、発せられる。何か新しい世界がありうるのではないか、という期待。これは、リスクの見える化に必須の要件である。

二〇〇八年八月に開かれた北京オリンピックの開会式と閉会式の日に、「人工降雨」という試みがなされた。開会式では、さまざまなパフォーマンスが盛大に披露され、全世界がそこにまなざしを注ぐ。そのような大事な場面で雨が降っては困る。そこで、事前に雨雲に向けてロケット弾を何発も打ち込み、先に雨を降らせようとしたのである。その対策は功を奏したようで、実際に開会式・閉会式の会場に、雨は降らなかったとのことだ（『読売新聞』二〇〇八年八月二六日付、東京朝刊）。

ここで注目したいのは、会場に雨が降るのを阻止できたかどうかではない。操作できるはずもないと思われていた天気が、操作できる対象として扱われるようになった。この認識の変化にこそ注目すべきである。

降雨は、対策を講じて「解決」されるべき、一つの公的な問題に位置づけられるようになった。これまでたとえば運動会の日に雨が降れば、それは「仕方のないこと」と、あきらめていた。あるいはせいぜい、校長先生のことを「雨男」「雨女」と呼んで、気分だけでも晴らしていた。しかしいまや会場への降雨は、回避しうる。一〇〇年後のオリンピックでは開会式に雨が降れば、大会組織委員会が「なぜ降雨対策を徹底しなかったのか」と大々的に責められるようになっているかもしれない。

より現実的な場面に目を転じよう。私たちはオフィスであれデパートであれ、真夏に建物のなかが屋外と同じように蒸し暑ければ、その環境に不満を表す。人びとは施設側に、「蒸し暑いのになぜエアコンを稼働させないのか」と苦情を訴える。

ここでは、蒸し暑い状態が「仕方のないこと」ではなく「問題」と認識されている。そして同時に、エアコンの稼働という「解決」策が提案されている。このプロセスで重要なのは、建物内が暑い「問題」は、「解決」されるべきと信じられている点である。

二〇〇一年、国際的に定評のある医学雑誌 *British Medical Journal* は、“accident” という言葉の使用を禁じるとした。「accident とはしばしば、予測できない、つまり偶発的な出来事または神の仕業であり、それゆえに回避できないことと理解されている。しかし、たいていの負傷や突然の出来事というのは予測可能であるし、防御可能である」[1] ことがその理由である。なるほど英和辞書を引くと、accident とは、「不測の出来事」「偶然の出来事」を意味する。予測ができず、したがって回避もできない事態が accident である。だが同誌は、事故は予測でき、回避できると考え、accident からの脱却を宣言した。

「仕方のないこと」というあきらめは、「事故は回避できない」と同義である。だが、そうみなす限りは、何も始まらない。そして、同じ事故が「コピペ」のようにくり返されていく。何らかのかたちで防止できなかったのか。「仕方のないこと」とさじを投げてしまうのではなく、一度じっくりと事例に向き合うことがリスク研究の第一歩である。

「ケガはつきもの」というあきらめ

日本スポーツ振興センター刊『学校の管理下の災害〔令和元年版〕』のデータ（二〇一八年度の医療費給付事例）を見てみると、学校管理下の負傷・疾病事案のうち、中学校では約七三・七％、高校では八一・二％が、スポーツ指導時に起きている。

学校管理下のリスクというのは、多くがスポーツ活動に関係している。「スポーツにケガはつきもの」である。これはけっして驚くことではない。身体を積極的に動かすことで身体への負荷が大きくなり、それは事故のリスクを高めていく。

身体を積極的に動かす。だから、ケガのリスクが高まる。「スポーツにケガはつきもの」という考え方は、たしかにそのとおりである。

しかしそうした発想は、数値に裏打ちされた事実を指し示しているというよりも、むしろあきらめの気持ちを表現しているように、私には聞こえる。すなわち、「スポーツにケガはつきものなのだから、問題視することなく、起きたことを受け入れるしかない」と。そこでは、事故の原因追及（なぜ事故が起きたのか）から、安全対策の立案（どうすれば防げるのか）まで、一連のプロセスはすべて放棄される。その結果、防げたかもしれない同種の事故は、その後もコピペされていく。

事故はなぜ起きるのかといえば、事故は起きるものだとあきらめてしまうからだ。「ケガはつきもの」という発想自体が、ケガを再生産している。

思い起こせばかつては、バイク（原付を含む）でヘルメットなしの運転が認められていた。車のシートベルトも、着用しないままで、公道を走行できていた。だがそれでは重大事故が起きるからと、ヘルメットの装着やシートベルトの着用が道路交通法により義務化されたのであった。私たちはいま、「車やバイクの運転に事故はつきものだから、ヘルメットもシートベルトも着用しなくてよい」とは考えないだろう。私たちは着用義務を受け入れ、安全を享受している。今日の安全は、かつてあった重大な危険が、一つひとつ抑制されるなかで生み出されてきた。「ケガはつきもの」ならば、「ケガはどれだけ起きてもよい」「いつまでも起きつづけてよい」のか。そうではないはずだ。何らかの方法で改善・解決できるのではないかと、一つひとつの事故事例をもとに、思考を重ねていくことで、事故の再生産に歯止めをかける策が具体化・明確化されていく。

柔道事故におけるあきらめからの転換

学校管理下のスポーツにおいては、各種競技種目のなかで、柔道でとりわけ子どもが多く命を落としてきたことが知られている。一九八三〜二〇一一年度の間に中学校と高校で一一八件の死亡事故が発生した。多くのケースで、初心者（中学一年生や高校一年生）が五月〜八月にかけて、柔道部の練習中に大外刈りをかけられて頭部を損傷し、死亡している（詳しくは拙著『柔道事故』（河出書房新社）参照）。

全日本柔道連盟が発行している『柔道の安全指導』を手にとってみると、その第一版にあたる二〇〇六年版の巻頭言には、重大事故の「原因はほとんどが不可抗力的なもの」と記されている。重大事故は「仕方のないこと」だというのだ。

二〇一一〜二〇一二年にかけて各種メディアが、事故の実態をこぞって報道した。初心者が大外刈りなどの技で頭部を損傷しているという特徴が見える化したことで、事故防止の着眼点が明確になり、事故防止への機運が高まった。

第三版となる二〇一一年版の『柔道の安全指導』では、第一版に見られたような態度は、すっかり消え失せた。「受傷者の苦痛や家族の負担を考えたとき、不可抗力や避けることのできないこととして責任を回避することが許されるものではありません。事故要因の分析は、指導者や管理者が安全対策を講じるうえで欠かせないことです」と、事故防止のためのたしかな意志を読み取ることができる。「頭部・頸部の怪我」が「重大事故に直接結び付くと考えられる」とされ、その発生機序や予防策に多くのページが割かれることになった（同様の趣旨は、二〇一五年改訂の第四版にも引き継がれている）。そして二〇一二年度以降、学校管理下の柔道部の死亡事故は、激減することになった。

「解決」の希求

社会学者のライト・ミルズ（C. R. Mills）は、「動機の語彙」(2) に関する説明のなかで、人びとが状況を識別する際には、特定の語彙が作用すると述べた。「動機は、個人の『内部に』固着した要素ではなく、社会的行為者によるその行動の解釈をおしすすめる条件なのである」。本質的な原因がその状況に内在しているわけではない。特定のお決まりの語彙が、状況の原因と結果の関係性を説明する。特定の原因→結果のプロセスを見出すこと自体が、言語実践の効果なのだ。

動機の語彙のはたらきは、予測された帰結と個々の行為とを結びつけ、そこに大義名分を付与することである。その大義名分のもとで、さまざまな型の社会的統制がはたらく。したがって、行為に付与される「動機の帰属づけと言語的表現とは、社会現象として説明されなければならない」。適切な動機とは、状況に集う人びとを納得させ、満足させる動機のことである。動機は、「ひとつの合言葉として、社会的・言語的行為にかんする問いへの、疑問の余地のない解答」であり、その「状況を正当化する」作用をもっている。

オリンピックの開会式に雨が降ったとする。なぜ降ってしまったのか。その原因の処理のされ方は、まさに社会現象である。「仕方のないこと」なのか「雨男／雨女」のせいなのか、あるいはオリンピックの運営委員会が「人工降雨作戦を講じなかった」からなのか。原因はその現象に本質的に備わっているものではなく、正当化された語彙をとおして意味づけられていく。

「社会問題の構築主義」で知られる社会学者のスペクター（M. B. Spector）とキッセ（J. I. Kitsuse）は、「社会問題」を「なんらかの想定された状態について苦情を述べ、クレイムを申し立てる個人やグループの活動である」と定義した。[3] 社会問題とは最初からあるのではなく、何らかの異議申し立てがなされることをとおして、社会問題として認識される。だれも異議申し立てをしなければ、そこで起きていることは「仕方のないこと」として放置されつづけることになる。

スペクターとキッセは、問題の解決について、次のような視点を提起した。すなわち、「制度的な配置と解決法についての想定とがあるからこそ、社会問題は成立し、知覚され、名づけられ、運動の対象となることができる」[4]。私たちは通常、「問題があるから解決しよう」と考える。いっぽうで前述の主張は、そもそも何らかの解決の展望がなければ社会問題は成り立たないとの見方を示している。

不満の原点には、ほんの少しでもそれが改善・解決できるという期待がある。このとき、問題と解決の関係は反転される。すなわち、問題があるから解決するのではなく、解決できるという認識が人びとの現状において不満を自覚させ、公的な問題をつくりだしていく。

問題が構築されるプロセスにおいてとりわけ「解決」のはたらきを見出したのが、エマーソン（R. Emerson）とメッシンジャー（S. L. Messinger）である。トラブルが形成される初発の段階からその最後の段階に至るまで、「解決」が決定的に重要な役割を果たす。肥満にはダイエットという解決方法が、病気には医師による診察と治療という解決方法が想定されている。このように、「トラブルをある意味において定義づけたり診断したりしたということは、その時点で適切な解決が多少なりとも具体化されている」[5]。

輪郭のあいまいなトラブルを、解決したり管理したりしようとさまざまな手段がとられるなかで、トラブルは次第にその輪郭を明確にしていく。ある困った出来事はあちこちで起きている。そこに「解決」の視点が導入されることによって、その困った出来事の輪郭が明確化され、それが重大な問題として認知されていくのである。

解決策論法

以上のように認識論的な観点からいうと、解決できるはずという期待は、問題の見える化に必須の要件である。ところが、それゆえに解決策の重要性を逆手にとって、問題の消える化を図ろうとする言い回しが出現する。「批判ばかりせずに、解決策を示せ」「代案（対案）を出せ」といったリアクションだ。「具体的な解決策を出さない限りは、問題を見える化してはならない」という、かなり手厳しい制約をかけてくる。

私自身、子どもの事故から教員の長時間労働まで、学校教育において想定されるさまざまなリスクを指摘するたびに、決まって「いつも批判しかしない」と非難される。かつて、とある講演会場で巨大組み体操の話題を提供したときに、教育関係者から「これまで頑張って取り組んできた学校は、いま大混乱です。危険だというだけでなく、今後どうすべきなのか示してください」といった旨の主張を投げかけられたことがある。

それへの答えは簡単だ——組み体操の段数を低くすればいい。この解決策は、体育やスポーツの専門家ではない私でさえ思いつくのだから、おそらく教育関係者を含め多くの人たちが同じような答えにたどり着くはずだ。

だが、そうした簡単な答えさえもまるで見出せないかのように、教育関係者が「解決策を示せ」

と問い詰めてくる。そこに見え隠れするのは、解決策を知りたいという意志ではなく、「解決策を示せ」という定番の語彙による非難の意志である。

「具体的な解決策を出さない限りは、問題を見える化してはならない」といういわば「解決策論法」とよぶべきリアクションは、教育関連の課題に限らず、さまざまな議論の場面で見聞きされる。

解決策を出すように迫ること自体は、健全な主張だ。解決策があってはじめて、安全で安心な生活が具現化する。ところが非難の道具としての解決策論法は、問題の指摘に対してすぐさま「具体的な解決策を出せ」と問い詰め、その指摘自体を反故《ほご》にしようとする。そもそも解決されることさえも望まれていない。そこに明るい未来は、まったく展望できない。

なお、「今後どうすべきなのか示してください」と訴えかけられた私は、その場で次のように回答した——「私には、組み体操のことはほとんどわかりません。なので、これからどうすべきか、ぜひ教育現場の実践の知を教えてください」と。

私には、「段数を低くすればいい」という回答も、もちろんありえた。しかしながら、アウトサイダーである研究者が偉そうに指示を出すという形式に、私は抵抗があった。学校には当然、教師という教育実践の専門家がいる。大切なのは、お互いの現場や専門性を尊重しながら、ともにリスクに向き合い、知恵を出し合っていくことである。

5　部活動という聖域

陸上部は土曜の朝六時から

「真由子」先生をご存知だろうか。知る人ぞ知る、今日の部活動改革の火付け役と言ってもよい、現役の中学校教員である。二〇一三年三月二四日のこと、「はじめまして　教員五年目、真由子（仮名）といいます。もろもろの事情あり、公立中学校における部活動制度がおかしいと感じています」と、ブログ「公立中学校　部活動の顧問制度は絶対に違法だ!!」で、部活動の問題点を発信し始めた。二〇一五年に同ブログは「ライブドアブログ OF THE YEAR 2015」の話題賞を獲得している。

その真由子先生が二〇二〇年の七月末に Twitter 上で、陸上部顧問とサッカー部顧問の会話に言及したうえで、「陸上部は土曜6時10分に集合し、部活をすることになりました。しかも試合前などではない通常練習」とつぶやいた。この6時10分は、朝のことである。大会があるからではなく、学校のグラウンドの使用時間が陸上部とサッカー部で重ならないように調整した結果であるという。きっと陸上部では生徒も顧問も、朝五時頃には起床しないと集合時間に間に合わないだろう。企業であれば確実に、「ブラック企業」に認定されるところである。

休みの日に何もそんなに過酷な修行を課すことなく、字義どおりに休めばよいのにと、私は思ってしまう。しかも二〇二〇年春に始まる新型コロナウイルスの感染拡大の初期段階であり、同年七月に入ってからは、東京都を中心に新型コロナウイルスの統計上の感染者数が再び増加し、その傾向が全国的にも拡大し、日本中で危機感が高まっていた。部活動の練習にともなう集団感染もたびたび報じられていた。

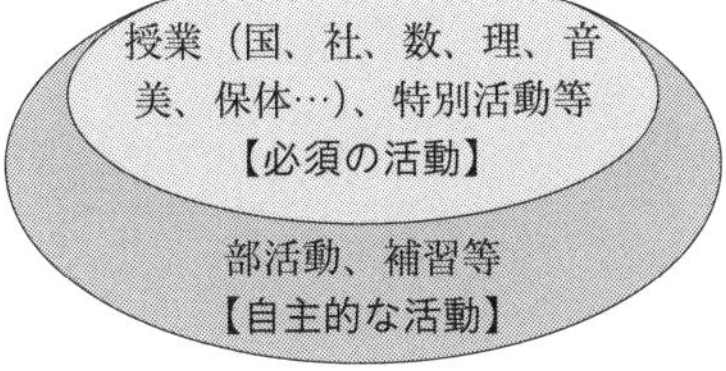

図5－1　学校の教育活動における授業と部活動との関係性

中学校や高校の学習指導要領には、部活動は「生徒の自主的、自発的な参加により行われる」ものと定められている。平たく言えば、部活動とは「やってもやらなくてもよい」活動である（図5－1）。感染が拡大していた状況下で、なぜ不要不急の部活動が積極的に実施されてしまうのか。

部活動のガイドライン――二〇年前にも同じもの

真由子先生は、教員にとって部活動の負担が大きすぎることを嘆いてきた。部活動の過熱は、長時間労働の元凶である。

第3章で述べたとおり、文部科学省が二〇一六年度に実施した「教員勤務実態調査」によると、二〇〇六年度と比較して小中学校の各種業務のなかで突出して労働時間が増加したものが、中学校の土日における「部活動・クラブ活動」であった(1)。一日あたりで六三分もの増加が確認された(図3-1)。二〇一九年一月に発表された中央教育審議会の答申においても、学校の各種業務のなかで部活動顧問の負担は重点的に検討され、外部人材等の活用による負担軽減の必要性が説かれた(2)。答申文には「部活動の設置・運営は法令上の義務ではなく、学校の判断により実施しない場合もあり得る」と記載されている。

顧問の負担が大きいということは、生徒の負担も大きくなる。生徒への負荷については、スポーツ庁で二〇一七年五月に運動部活動ガイドライン作成の検討会議が開始され、二〇一八年三月にガイドラインが策定された(3)。同じく文化庁においても文化部のガイドラインが、二〇一八年一二月に策定された(4)。

両ガイドラインは、過熱した部活動の適正化を求めるもので、各種提言のなかでもとくに休養日の設定を含む活動量の上限規制が注目された。運動部については、「生徒がバーンアウトすることなく、技能や記録の向上等それぞれの目標を達成」するために、また文化部については「生徒のバランスのとれた生活や成長に配慮」するために、運動部と文化部いずれにおいても具体的には、週あたり二日以上の休養日（少なくとも、平日一日以上、土日一日以上）を設けること、また一日あたりの活動時間は、長くとも平日では二時間程度、土日は三時間程度とすることが明記された。

部活動ガイドラインの策定には、改革の実現を期待したい。だが、あまり知られていないこととして、じつは約二十数年前にも同様の指針が策定されている。当時の文部省「運動部活動の在り方に関する調査研究報告書」[5]には、「スポーツ障害やバーンアウトの予防の観点、生徒のバランスのとれた生活と成長の確保の観点などを踏まえると、行き過ぎた活動は望ましくなく、適切な休養日等が確保されることは必要なこと」「これまでの運動部活動では、活動日数等が多ければ多いほど積極的に部活動がおこなわれているとの考えも一部に見られたが、今後、各学校、各運動部において、適切に休養日等が確保されることを期待したい」との理由から、中学校では「学期中は週当たり二日以上の休養日」、高校では「週当たり一日以上の休養日」、平日は「二〜三時間程度以内」、土日は「三〜四時間程度以内」と、まるで今日の議論を先取りするかのような内容が記されている。

「長時間労働なんて関係ない」

過重な負担がかかっているはずなのに、この二十数年前の指針は定着しなかった。真由子先生個人は、部活動の指導を大きな負担だと訴えた。だが、総じて部活動指導を含む教員の長時間労働は、「奴隷のように働かされている」と単純に理解してはならない。そのような側面もあるものの、むしろその当の業務に誇りをもって従事している側面も強い。

先の中央教育審議会答申の内容を議論した「学校における働き方改革特別部会」において、それを象徴する語りがあった。審議のなかで、委員の一人である公立中学校長が、部活動の改革が進まない理由を次のように指摘した。

部活の改善がなかなか進まない原因ということですが、一番の問題は教員が部活をやる上での、本当にそのスポーツを含めて部活を指導したいという教員と、逆にそれは専門ではないけれども、また、家庭の事情もあるがやらざるを得なくてやっている教員、このような実態があると考えています。特に、自分が仮に専門の種目で是非やりたい、かつ自分もその中でやってきた、そして強いチームを作ってという教員にとってみると、長時間労働というのは関係ありません。(6)

部活動が自分の職業アイデンティティの核になっている教員は、多くいる。そうした教員にとっては、部活動に注力することこそが使命となる。

私は共同研究で二〇一七年度に「中学校教職員の働き方に関する意識調査」と題する質問紙調査を、全国規模でおこなった。[7] 公立中学校の教員（主幹教諭、教諭、常勤講師の計三一八二名）のなかで、顧問として部活動にかかわることを「楽しい」と回答したのは、六〇・五%にのぼる。さらにはその「楽しさ」の有無ならびに「ストレス」の強弱との組み合わせを調べてみると、「楽しい」×「ストレス弱」が三二・八%、「楽しくない」×「ストレス強」が三四・二%と拮抗している（図5－2）。部活動の過熱が問題視されるなかにあって、前者は純粋に部活動指導を楽しんでおり、後者は純粋に部活動指導を苦痛に感じている。

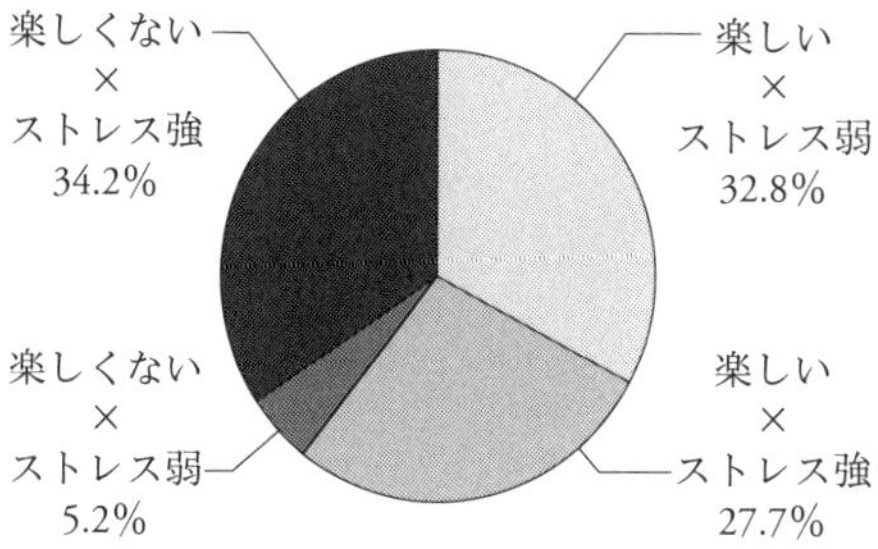

図5－2　中学校教員における部活動の楽しさとストレス

また「楽しい」×「ストレス強」が二七・七%と多いことにも注目したい。この群は、しんどいと感じながらも部活動の魅力を享受している教員たちであり、部活動について語ることの難しさをよくあらわしている。くり返すが、教員は必ずしも「奴隷のように働かされている」わけではない。仮に長時間拘束されようとも、その活動に教育者として何らかの魅力を感じ、主体的にかかわっていることが少なくない。

保護者の影響も無視できない。過去一年における保護者からのクレームの有無についてたずねたところ、あると答えた割合は、授業が二二・一％、部活動が四六・七％で部活動のほうが約二倍多い。部活動は「やってもやらなくてもよい」活動であり、顧問教員は必ずしもその専門家ではない。それゆえ、保護者が積極的に介入しうる。

調査からは、保護者からの期待の高さと、部活動立会時間の長時間化との強い関係性も明らかとなった。一週間あたりの部活動立会時間は、保護者からの期待を感じている教員は、平均一二・〇時間、期待を感じていない教員は七・三時間と、大きな開きが確認できる。クレームと期待はコインの表裏の関係にある。保護者からのクレームを受けつつ、強い期待も感じながら、部活動指導に力を入れざるをえない教員の姿がみえてくる。

部活動と授業のちがいを考える

部活動がしんどいという声の対極に、部活動が楽しいという声もある。また、しんどいと思いながらも楽しさを享受していることもある。そこに保護者からの期待が重なり、総じて部活動の過熱に歯止めがきかなくなる。

ではたとえば、「授業が過熱して、土日もおこなわれる」といった話を耳にしたことがあるだろうか。体育の教員が、授業が楽しいからと土日に生徒をグラウンドに呼びつければ、明らかに大問題になるはずだ。この授業と部活動との差は、何に起因するものなのか。

これは、「部活動の時間帯に廊下がトレーニングの場になる」という現状をもって説明できる。部活動の練習時に廊下を走ることは、学校の日常風景である。だが放課後の部活動が始まる直前まで、廊下を走ることは禁じられている。転倒や衝突などの事故を防止するためである。部活動の時間になれば、急に廊下が安全になるわけではない。それにもかかわらず廊下を走ることが容認されているのは、先の図5−1で示したように、部活動が自主的な活動に位置づけられているからである。

授業においては、体育は体育館やグラウンドでというように、活動内容に応じた場所が用意されている。仮に体育の際に、体育館に生徒があふれかえった場合には、体育館あるいは学校をもう一つつくるというのが、制度上の真っ当な対応である。

ところが部活動は、「自主的」なものであるために、制度的に十分な準備ができていない。そこで一斉に部活動が実施されるために、活動場所が足りなくなってしまうのだ。冒頭で紹介した真由子先生のツイートに、陸上部とサッカー部がグラウンドの利用をめぐって調整が必要だったのも、まさに場所不足に起因するものである。なお、不足しているのは活動場所だけではない。日本スポーツ協会（旧・日本体育協会）の報告書によると、運動部顧問の半数は当の競技種目が未経験である(8)。部活動における制度設計の不備は、さまざまな側面から確認することができる。

部活動の「特別扱い」

コロナ禍の二〇二〇年六月当時、全国的に学校が再開された際に、とりわけ子どもどうしの接触回避が難しいとされたのが、体育の授業であった。器具や道具を共有することは避けて、一人ひとりが距離を空けるかたちで、走る、ダンスをする、なわとびをするといった工夫がほどこされた。一方で、同じ学校のなかでも授業と部活動で対策の度合いがかなり異なっているとの声が、教員から漏れ聞こえた。体育では新型コロナウイルスの感染予防に力が注がれていても、運動部活動ではそれが大幅にゆるめられているというのだ。そうした両者間の対策の落差は、一部の学校や部活動にとどまっていたと思われるが、しかしながら部活動が「特別扱い」されうることはたしかであった。

学校再開の前、二〇二〇年三月から五月にかけての臨時休校期間中も、部活動は「特別扱い」されていた。愛知県では、学校の臨時休校がつづくなかにあって、県教育委員会は三月九日付の通知で、春休み前の三月一二日から一九日まで、県立高校における部活動の再開を認めた（『中日新聞』愛知版朝刊、二〇二〇年三月一四日付）。四月以降の公式戦に向けて練習なしで臨んだ場合に負傷事故が起きやすくなるというのが、容認の理由である。公式戦の開催を前提として、部活動が特権的に取り扱われた。

愛知県教育委員会が部活動再開を容認した当時、文部科学省は「部活動は学校の教育活動の一環として行われるものであり、今回の臨時休業期間中は、部活動の実施は基本的には自粛されるべきものと考えます」（一斉臨時休業に関するQ＆A）との立場をとっていた。国が部活動の自粛を要請するなかで、県教委が独自に再開を決めた。

ただしここで重要なのは、教育委員会としては、臨時休校中に部活動にくわえて補習も実施できるようにしていたことだ（『教育新聞』二〇二〇年三月一二日付）。つまり、補習すなわち学習にもしっかりと配慮している。なお図5－1のとおり、補習もまた自主的な活動とみなされる。だから休校中でもそれが実施可能とされる。

さらに重要なのは、こうした方針が学校におりたときに何が起きるかだ。ある県立高校では、教育委員会の通知を受けて、春休み前までの期間における学習活動と部活動の方針を保護者宛に発表した。それは、学習活動としては教室を開放し（いわゆる自習）、部活動としては平日二時間の活動が実施できるというものであった。この高校では補習はおこなわれずに自習の場が開放されただけであったが、部活動については顧問からの指導がおこなわれた。学校が最優先で取り組むべきは、はたして部活動でよかったのだろうか。

学校の本務である授業とはちがって、部活動は「自主的」な活動に位置づけられている。制度のなかにあるのに、制度の手が及びにくい。これが部活動の正体である。臨時休校期間も学校再開後のいずれにおいても、部活動は「聖域」でありつづけた。授業は休みでも、部活動は実施される。

体育では厳格にコロナ対策がなされても、部活動ではそれがゆるくなる。

教育界では、「自主的」という概念は、重要な教育目標に据えられてきた。しかしコロナ禍で部活動が見せたその現実は、「自主的であればそれでよいのか」と、教育の至上命題に疑問符を投げかけている。

6 「外部化」幻想の落とし穴

「外部」という救い

部活動改革が着々と進んでいる。二〇二〇年九月に入って文部科学省は、休日の部活動を地域のスポーツクラブや芸術文化団体に委ねること、休日の指導を希望する教員は兼業許可を得た上で地域活動の一環として従事することなどの、改革案を提示した（『毎日新聞』東京版朝刊、二〇二〇年九月二日付）。

国が具体的な施策として、「部活動の外部化」を推し進めるものであり、部活動顧問の過重負担を問題視してきた当時の私にとっては、「ついにこのときがきたか」と感慨深い思いをもったものだった。ただ一方で私のなかでは、その感慨と同時に不安が大きくなっていったことも事実だ。

表6－1　学校や教師が担うべき業務の分類

基本的には学校以外が担うべき業務	学校の業務だが、必ずしも教師が担う必要のない業務	教師の業務だが、負担軽減が可能な業務
①登下校に関する対応 ②放課後から夜間などにおける見回り、児童生徒が補導された時の対応 ③学校徴収金の徴収・管理 ④地域ボランティアとの連絡調整	⑤調査・統計等への回答等 ⑥児童生徒の休み時間における対応 ⑦校内清掃 ⑧部活動	⑨給食時の対応 ⑩授業準備 ⑪学習評価や成績処理 ⑫学校行事の準備・運営 ⑬進路指導 ⑭支援が必要な児童生徒・家庭への対応

※中教審答申の29頁に掲載されている表から項目名のみを取り出した。

学校の「外部」に問題解決の答えを探る動きは、部活動改革に限られたものではない。二〇一九年一月に文部科学省の中央教育審議会が発表した答申[1]は、教員の長時間労働全般についてその解決の鍵を外部に求めた（表6－1）。

答申の目玉は、学校や教員が担うべき業務の明確化である。各種業務（一四項目）が「基本的には学校以外が担うべき業務」「学校の業務だが、必ずしも教師が担う必要のない業務」「教師の業務だが、負担軽減が可能な業務」の三つにわけられて、業務軽減の可能性が示された。

たとえば、①登下校に関する対応については、「通学路を含めた地域社会の治安を確保する一般的な責務は当該地域を管轄する地方公共団体が有するものであることから、登下校の通学路における見守り活動の日常的・直接的な実施については、基本的には学校・教師の本来的な業務ではなく、地方公共団体や保護者、地域住民など『学校以外が担うべき業務』である」と整理されている。

そして、文部科学省に求める取り組みとして、「地域ボランティアの参画を円滑に進めるための、地域学校協働活動の推進」などがあげられている。

⑦校内清掃については、「諸外国では、教師が校内清掃の指導を担っている例は少ない。また、我が国においても、清掃の時間に地域の高齢者が参加し、児童生徒と交流を図りながら実施している地方公共団体もある。校内清掃は校内で行われるものではあるが、児童生徒が行なう清掃の見守りは、教員免許を必ずしも必要とする業務ではなく、『学校の業務だが、必ずしも教師が担う必要のない業務』である」と整理され、文部科学省に求める取り組みとして、「地域ボランティアの参画を円滑に進めるための、地域学校協働活動の推進」があげられている。

部活動は学校から地域の取り組みへ

登下校の見守りと校内清掃のいずれも、学校や教員が担わなくてもよいことが示されている。その代わりに当該業務を、保護者や地域住民によるボランティア活動に任せようと提案されている。登下校の見守りと校内清掃に共通する「地域ボランティアの参画を円滑に進めるための、地域学校協働活動の推進」というフレーズは、まったく同じものが各種業務一四項目のうち六項目で使用されている。さらに類似の文言で、地域学校協働活動の促進を求めるものが二項目、それ以外にも、スクール・サポート・スタッフや外部専門家（スクールカウンセラーなど）の体制整備を求めるものが三項目と、ほとんどすべての業務で学校の外部人材を活用すべきことが提起されている。

学校に通う子どものことを考えると、肥大化した教育サービスを、そのままばっさりと取りやめるわけにもいかない。それならば、学校外の保護者や地域住民、専門家らに担ってもらうしかないとの発想である。虫のいい話に聞こえるかもしれないが、しかしながら大幅な教員増が見込めないなかでは、これもやむなき結論と言える。

さて前記一四の業務のなかで、もっとも分量を割いて検討されていたのが、前章でも触れた「部活動」である。中学校や高校の部活動は、学習指導要領においては「生徒の自主的、自発的な参加により行われる」ものと定められているために、制度的に十分な設計がなされていない。制度の手が及ばない「聖域」において、部活動は過熱が進んできたことを指摘した。

前章で指摘したとおり、二〇一九年一月の中教審答申に先立って、スポーツ庁が二〇一八年三月に運動部活動のガイドライン[2]を、文化庁が二〇一八年一二月に文化部のガイドライン[3]を策定した。その内容については、とくに休養日の設定を含む活動量の上限規制に注目が集まったものの、じつは両ガイドラインでは、部活動の外部化も展望されている。

運動部のガイドラインでは、「生徒のニーズを踏まえたスポーツ環境の整備」として「地域との連携等」という項目が立てられており、「地域のスポーツ団体との連携、保護者の理解と協力、民間事業者の活用等による、学校と地域が共に子供を育てるという視点に立った、学校と地域が協働・融合した形での地域におけるスポーツ環境整備を進める」ことが謳われている。文化部のガイドラインにおいても同様に、「生徒のニーズを踏まえた環境の整備」として、同様に社会教育施設やその関係団体・関係者らからの協力を得て、「学校と地域が協働・融合した形での地域における持続可能な芸術文化等の活動のための環境整備を進める」と記されている。

そして運動部と文化部のガイドラインよりもさらに「外部」の活用に踏み込んだのが、中教審答申である。答申では、「教師の勤務負担の軽減や生徒への指導の充実の観点から、学校の教育方針を共有した上で、学校職員として実技指導等を行う部活動指導員や外部人材を積極的に参画させることが重要」との認識にくわえて、下記のとおり、より大胆な「外部」の活用が提起されている。

学校教育としての意義を超えて、部活動の大会等で活躍・勝利することが地域の誇りや伝統である等の理由で、教師が授業の質の向上に取り組めないほどの負担を強いられることはあってはならないことであり、地域がこれを望むのであれば、地域単位の取組として活動を行うべきである。（略）

部活動は必ずしも教師が担う必要はないことを踏まえると、教師が授業や授業準備等の教師でなければ担うことのできない業務に注力するためにも、（略）学校や地域住民と意識共有を図りつつ、地域で部活動に代わり得る質の高い活動の機会を確保できる十分な体制を整える取組を進め、環境を整えた上で、将来的には、部活動を学校単位から地域単位の取組にし、学校以外が担うことも積極的に進めるべきである。（中教審答申、六八～六九頁）

「地域がこれを望むのであれば、地域単位の取組として活動を行うべき」「将来的には、部活動を学校単位から地域単位の取組にし、学校以外が担うことも積極的に進めるべき」と強い調子で、学校外での活動への転換が要請されている。

だれの負担が問題になっているのか

部活動の過熱をめぐっては、これまで二つの「負担」が論じられてきた。一つが、指導にあたる教員側の負担であり、もう一つが、指導を受ける生徒側の負担である。前者は、主に中教審答申が、後者は、部活動のガイドラインが取り扱っている。

なお、もちろん中教審の答申にも過熱が子どもの心身にもたらす負荷について言及はあるものの、そもそも教員の働き方に関する答申であるから、基本的には教員の負担軽減に主軸が据えられている。また部活動のガイドラインでは、教員の長時間労働解消という文言も一部に記載されているものの、全面的に生徒にとっての望ましい環境の構築が目指されている。

部活動の過熱は、歯止めがかかりにくい。仮に教員も生徒もともに負担が大きいと感じつつ半ば無理に活動していたとしても、実際に試合やコンクールで勝てばうれしいし、そこで目標がまた一つ高くなり、練習量が増えていく。その結果さらに一つ勝ち上がり、こうして全国的に過熱が止まらないことになる。

だからこそ、当事者まかせではない、行政主導の上からの新たな施策が不可欠となる。そしてその行政主導による有効策の一つが、外部化である。具体的には、まずは外部人材の活用があり、その先にはより構造的な変革としての地域移行が想定されている。

外部人材の活用に関しては、二〇一八年の部活動のガイドライン策定よりもはるか前の一九九〇年代後半頃から「開かれた学校づくり」の取り組みとともに、各学校や各顧問の個別裁量のなかで、今日まで徐々に拡がりをみせてきた。そのなかにあって二〇一七年四月には、学校職員として「部活動指導員」が制度的に位置づけられた。「部活動指導員」とは、「技術的な指導に従事する」（学校教育法施行規則第七八条の二）立場であり、これにより外部の指導者は正規の学校職員として、単独で指導や大会引率が可能になった。ただし、責任の重さや、学校側の要望とのミスマッチ、手当ての低さなどから、なり手がいないというのが現実である。

日本中学校体育連盟の二〇一九年度調査[4]によると、全国で三六四二名の部活動指導員が活躍している。一方で、全国の部活動の数は男子と女子合わせて一一万を超えている。目下のところ部活動指導員の貢献は、ごくわずかであると言える。

部活動指導員を含め、広く外部指導者には、二つの役割が期待されている。

第一の役割が、顧問教員の負担軽減である。先述のとおり、教員の長時間労働の一因に、部活動指導がある。第三者に部活動の指導をゆだねることで、教員の業務量が軽減される。

第二の役割が、生徒への専門的指導である。運動部では、顧問の約半数は、当該競技種目が未経験である。生徒は素人から指導を受けることになる。外部指導者が入ることで、生徒には専門的な知識や技能が提供される。またケガの予防や短時間での効率的な練習も期待される。

外部化で生徒の負荷が高まる

外部指導者は、教員の助けにもなるし、生徒の助けにもなる。いわば万能薬のようなもので、だからこそ徐々に需要が高まってきていた。そしてその先には、より構造的な外部化として、部活動そのものを学校から切り離し、地域の活動に移行する動きにつながっていく。

冒頭で言及したように、九月に文部科学省は、休日の部活動を地域移行する改革案を提示した。二〇二三年度以降、休日の活動を段階的に地域に移行していくとのことだ。これは大きな前進であるけれども、しかしながらここには、重大な懸念が一つある。それは、生徒の負担が減らないどころか、増えてしまう危険性である。

神奈川県教育委員会が二〇一三年に実施した調査[5]によると、部活動の指導日数として一週間のうち何日が適当であるかについて、「六日以上」の割合は、教員が三五・一％であったのに対して、外部指導者は六〇・八％に達した。また、一日あたりでは「二時間以上」の割合は、教員が六七・九％で、外部指導者は八六・〇％であった。外部指導者は教員に比べて、より多くの日数と時間数を部活動に費やすべきと考えている。外部指導者が部活動にかかわることで、顧問の負担軽減が実現する可能性は大いにある。だが生徒のほうはむしろ、負担増になってしまうことが懸念される。

外部指導者による暴行事案も、いくつか報じられている。福島県の県立高では、二〇一七年五月に柔道部の二〇代の外部指導者が、練習中に一年生の男子部員に絞め技をかけて三回つづけて失神させたということが、二〇一八年四月に入って明らかになった（『毎日新聞』二〇一八年四月一七日付、福島版）。岐阜県多治見市では、外部指導者ではなく、完全に外部に移行した活動のなかで暴行が発生した。多治見市では市の主導によって学校外での地域クラブが盛んである。生徒は学校での部活動を終えてから地域クラブで、スポーツや文化活動に参加する。そこで二〇一六年九月に中学一年生の男子生徒が、監督である六〇代の男性から尻を蹴られた。生徒は警察に被害届を出し、監督は暴行罪で略式起訴された。これも事案が公になったのは、二〇一八年三月に入ってからのことだ（『中日新聞』二〇一八年三月八日付）。

もちろん学校内の顧問教員が、長時間練習を好むこともあるし、暴力を振るうこともある。学校外の指導者だけが問題ではない。だがいずれにしても、外部にゆだねれば部活動改革が実現すると結論づけるのは早計である。

武井哲郎は、「開かれた学校」のあり方を問うなかで、保護者や地域住民が学校に参画する際には、「意思決定への参加」と「教育活動への参加」の二類型があるとしたうえで、前者については、その功罪が明らかにされてきた一方で、後者については積極的に評価する声がほとんどであると指

摘する。(6)

言い換えるならば、外部からの「教育活動への参加」は、それだけで何かが豊かになるのだという幻想がある。武井は授業など教員が主導権を握る教育活動に主眼があるため、部活動のようにともすると外部指導者が主導権を握る活動とはやや論点や結論が異なってくるのだが、いずれにしても外部の参画や外部への委譲は、無条件に肯定されうるものではない。

私自身は総じて、部活動の地域移行は必須であると考えている。ただし、それが学校の部活動を引きずるようなかたちで実現したところで、それは少なくとも生徒にとってはただの看板の掛け替えで終わってしまう（場合によっては教員も地域の指導者として半ば強制的にそこに参加させられることもあるかもしれない）。学校部活動で週五日間、地域部活動で土日二日間の活動に、生徒が参加しつづけることになりかねない。教員の負荷が小さくなり、生徒の負荷が大きくなるようでは、その改革はむしろ失敗だ。外部化とは何なのか。具体像なき外部化幻想には、大きな落とし穴が待ち受けている。

7　部活動はだれにとっての問題か

見えぬ生徒の苦悩

二〇二一年一月二九日、日本若者協議会（代表理事・室橋祐貴氏）がオンライン・イベント「これからの部活動について：部活動の強制加入問題を考える」を開催し、私はパネリストの一人としてそこに参加した（イベントの詳細は、日本若者協議会のYouTubeチャンネルを参照）。

生徒への部活動強制は、部活動問題の一丁目一番地とよべるほどに、代表的かつ重大な検討課題である。私自身もこれまで幾度となく考えてきたテーマなのだが、イベント冒頭の室橋氏の発言は、私をドキッとさせた。すなわち、部活動の地域移行をはじめ国で部活動の改革が議論されているものの、「その観点が、教員側の長時間労働というところが非常に強く出ていて、生徒側にどのように部活動を提供していくのかについては、議論として抜けているのかなと、問題意識をもっています」というのだ。

なるほど、いま私たちが頻繁に見聞きする「ブラック部活動」「部活動問題」とは、教員のそれであって、生徒のそれではない。問題の構成としては、生徒側の負荷も含まれているとしても、実際に世論を盛り上げているのは教員側の負荷である。二〇二一年三月に「大炎上」した文部科学省の「#教師のバトン」プロジェクト（詳細は、内田良・斉藤ひでみ・嶋崎量・福嶋尚子『#教師のバトンとはなんだったのか――教師の発信と学校の未来』岩波書店、二〇二一年を参照）においても、NHKのTwitter分析によると、「部活」や「部活動」の文言が多く発せられたとのことだ（NHK・WEB特集「『子どもたち、ごめんね』〝#教師のバトン〟は、いまどこに?」二〇二一年四月三〇日）。

私なりに整理すると、むしろ部活動の負の側面は、長らく生徒側の問題として語られてきた。全国高等学校野球選手権大会（夏の甲子園大会）の時期には、炎天下かつ過密日程のなかでくり広げられる苛烈な闘いに対して、生徒のケガや疲労を懸念する声が毎年あがってくる。「勝利至上主義」の志向は、生徒を部活動に駆り立てかつケガなどのリスクを増大させ、さらにはそのリスクを覆い隠すものとして問題視されつづけてきた。

顧問や部員との関係のなかで生じる事件やトラブルもたびたび問題視されてきた。二〇一二年一二月に大阪市立桜宮高校でバスケットボール部のキャプテンが顧問教師からの暴行・暴言を苦に自殺した事案は、連日にわたって大きく報じられた。土日も含め毎日のように顔を合わせ集団として行動するなかでの濃密な関係性（教師‐生徒関係、先輩‐後輩関係、仲間関係）は、しばしば絆や一体感の代償として息苦しさや逃げ場のなさを生み出してきた。

教師の負担軽減というアジェンダ設定

第5章「部活動という聖域」で言及したとおり、スポーツ庁が二〇一八年三月に運動部活動のガイドラインを、文化庁が二〇一八年一二月に文化部活動のガイドラインを策定した。両ガイドラインは、過熱した部活動の適正化を求めるもので、休養日の設定が話題をよんだ。運動部では、「生徒がバーンアウトすることなく、技能や記録の向上等それぞれの目標を達成」するために、文化部では「生徒のバランスのとれた生活や成長に配慮」するために、いずれにおいても具体的には、週あたり二日以上の休養日（少なくとも、平日一日以上、土日一日以上）を設けること、また一日あたりの活動時間は、長くとも平日では二時間程度、土日は三時間程度とすることが明記された。

ただし一九九〇年代にもほぼ同様の指針が策定されていた。文部省（当時）に設置された「中学生・高校生のスポーツ活動に関する調査研究協力者会議」による『運動部活動の在り方に関する調査研究報告書』（一九九七年）には、「スポーツ障害やバーンアウトの予防の観点、生徒のバランスのとれた生活と成長の確保の観点などを踏まえると、行き過ぎた活動は望ましくなく、適切な休養日等が確保されることは必要」との認識が示されている。中学校において「学期中は週当たり二日以上の休養日」（高校は「週当たり一日以上の休養日」）、平日は「二～三時間程度以内」、土日は「三～四時間程度以内」との提案がなされている。一九九七年と二〇一八年の数値目標に、大きな差はない。

改めて部活動問題は長らく、生徒側の負荷を論じてきた。私自身も、教師の部活動負担に注目する以前から、生徒側のリスク、すなわち柔道部での頭部外傷をはじめ、運動部活動中の負傷等による重大事故を調査研究してきた。また、熱中症や暴行・暴言の実態にも言及してきた。

だが、それら生徒側の負荷は話題にはのぼるけれども、結局のところそれらは限定的なイシューにすぎなかった。教師における負担の軽減というアジェンダが設定されてはじめて、部活動のあり方自体が根底から揺り動かされることとなった。

私にとって忘れがたい一言がある。

二〇一七年に教師の部活動負担を重点的に取り扱った『ブラック部活動――子どもと先生の苦しみに向き合う』（東洋館出版社）を刊行したさいに、学校のスポーツ関連記事を多く著してきたライターさんが、「体罰とか暴言とか子供の被害をずっと訴えてきたけど、教師の負担になった途端にこんなに盛り上がってきた」と漏らしたことだ。子どもではなく大人の苦悩が取り扱われることで、部活動全体の大きな岩がようやく動き始めた。

勘違いによる強制

これまで教師の苦悩が語られることはほとんどなかっただけに、それが顕在化したことのインパクトは大きく、部活動改革の機運を一気に高めた。

しかしながらライターさんの言葉は、学校教育に対する強烈な皮肉のように私には聞こえた。教育問題は、子どもの事情ではなく大人の事情で語られる。だからこそもう一度、強制加入の問題を含め、生徒側の負荷を確認する必要がある。

中学校ならびに高校の学習指導要領において部活動は、「生徒の自主的、自発的な参加により行われる」と位置づけられている。字義どおりに読み取れば、この時点ですでに加入を強制することはできない。

ところが、生徒の部活動加入を強制しているケースが少なくない。スポーツ庁が二〇一七年に実施した「平成二九年度　運動部活動等に関する実態調査[1]」によると、中学校については、調査に回答した公立四一四校のうち一三五校（三二・五％）が、私立三二校のうち七校（二一・八％）が、生徒に部活動の加入を強制している。高校では公立二七四校のうち六五校（二三・七％）が、私立九六校のうち七校（七・三％）が強制している。データ上は加入を強制している学校は少数派である。ただしここで問題なのは、自主的なものが強制されている点だ。自主的な活動であるからには、原

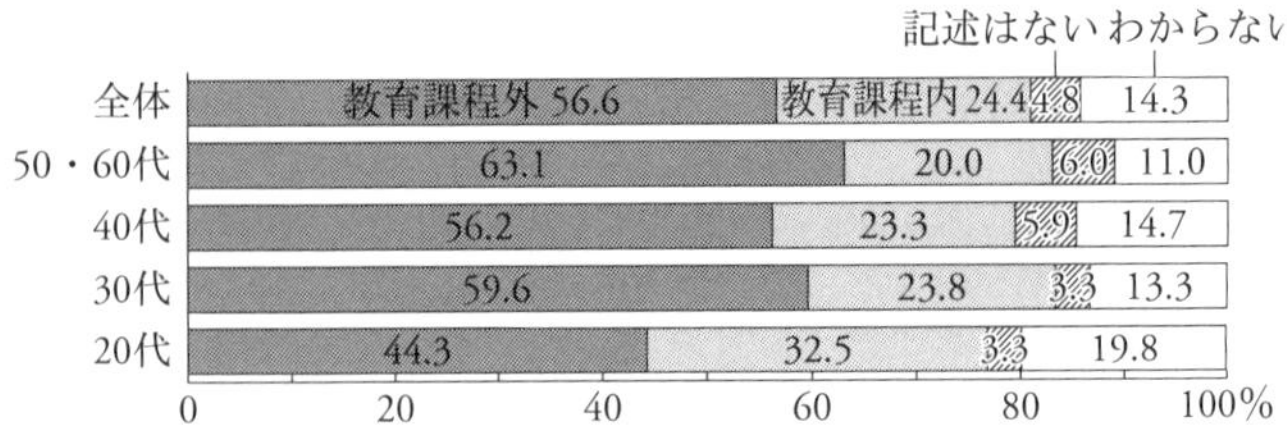

出典：文献（2）

図７－１　部活動の位置づけに関する認識

則すべての学校において強制は「〇%《ゼロ》」であるべきだ。

強制加入には地域差がある。先の「平成二九年度　運動部活動等に関する実態調査」の速報版にあたる「平成二九年度『運動部活動等に関する実態調査』集計状況」には、人口集中地区と非人口集中地区のちがいが示されている。人口集中地区では強制加入の学校は一八・三%にとどまっている。非人口集中地区では半数近くの四四・八%に達する。非都市部において、強制入部の文化が根強い。

「自主的」であることを教師自身が認識していない場合もある。

私が共同研究として二〇一七年に実施した、全国の公立中学校の教師を対象にした部活動に関する意識調査では、「あなたは、現行の中学校学習指導要領において部活動がどのように位置づけられていると思いますか」との質問を設けた。選択肢は、①教育課程内、②教育課程外、③記述はない、④わからない、の四つであり、②教育課程外が正解である。「教育課程」とは学校教育において用いられる語で、教科や学校行事のように学校で教えるべき事項を指す。教育課程外とはすなわち、学校では必ずしも指導すべき事項ではないことを意味する。

集計結果をみると、全体の五六・六%が②と正しく答えた。一方で、

①③④が計四三・四％にのぼった。約四割の教師が、部活動の制度的な位置づけを正しく理解していない。

年代別にみると、事態はさらに深刻だ。二〇代では②が四四・三％にとどまり、①③④が計五五・六％に達する（図7－1）。②の逆である①の教育課程内という認識は、他の年齢層よりも一〇％近く高い。二〇代であれば、大学の教職課程で学校教育に関する知識を学修したばかりである。それにもかかわらず、正解者の割合が最小である。

「強制加入」問題の後退

部活動は教科や行事と同じように、生徒が必ず取り組むべき事項であると誤解されている。それほどまでに、部活動は学校教育に根を下ろしているとも言える。

二〇一八年の運動部と文化部のガイドラインについては、休養日の設定に注目が集まったが、生徒の強制加入の抑制にも踏み込んでいる。文化部ガイドラインには、「望ましい部活動の在り方」として、「各学校においては、生徒の自主性・自発性を尊重し、部活動への参加を義務づけたり、活動を強制したりすることがないよう、留意すること」が明記されている。ただしこれは文化部ガイドラインのみの記載であり、運動部ガイドラインの本文には強制の問題に関する言及はない。

その点でむしろ二〇一八年のガイドラインは、一九九七年の提言よりも後退している。一九九七年の提言では、運動部活動の意義をより多くの生徒が経験することは望ましいとしつつも、「生徒が自発的・自主的に活動を組織し展開するという部活動の本質を突き詰めると、運動部活動への参加については、生徒一人一人の考えを大切にすることが必要であり、（略）部活動への参加が強制にわたることのないようにすべき」（四三頁）ことを示した。なお、当時の強制加入の割合は、中学校が六一・二％、高校が二一・四％である。調査方法等の相違があるため断定は避けるけれども、とりわけ今日の中学校では、入部を強制される事態は相当に緩和されていると推察される。

以上、生徒の自主性にゆだねられているはずの部活動が、教師の間で教育課程内の活動と誤解されている。あるいはその活動の意義を重視して生徒の全員加入が義務づけられている。また、強制加入を問題視する態度は後退している。生徒の強制加入が全面的に解除される日はまだ遠い。

大人の落ち度を子どもが受け止める

学校管理下の災害共済給付事業を担っている日本スポーツ振興センターの報告書『学校の管理下の災害』の「令和二年版」に記載されているデータを整理すると、二〇一九年度の一年間における登下校を含む学校管理下の負傷・疾病事案に対する医療費給付事例のうち、中学校では四七・〇％が、高校では五六・六％が、部活動に起因するものである。体育の授業は、中学校が二五・五％、高校が二一・五％にとどまる。学校の事故の約半数は部活動で起きているのであり、部活動の安全

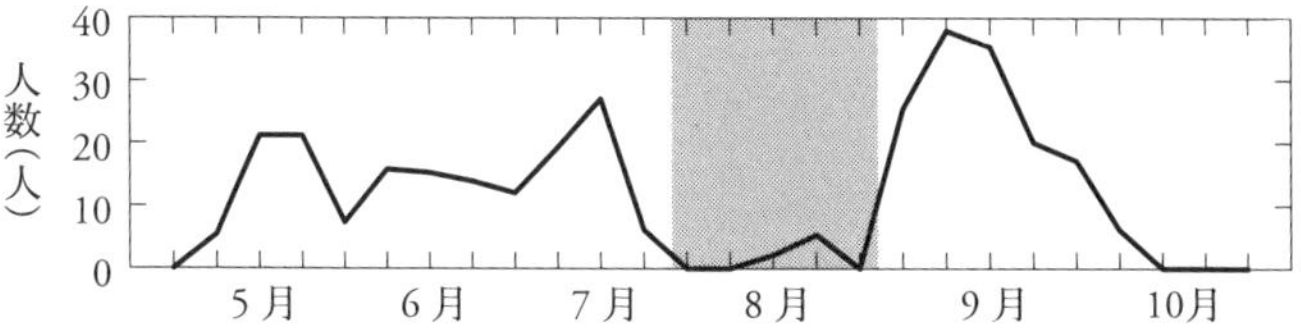

出典：文献3

図7－2　埼玉県熊谷市の小中学校における熱ストレスによる保健室来室者数

対策は最優先で進めるべきと言える。

とりわけ、八月は危険な時期である。それは、熱中症のリスクが高いからだけではなく、応急処置体制が整っていないからであることを強調したい。

八月の夏季休業期間中、授業は休みであっても部活動は「自主的」な活動として実施されている。じつはその期間は保健室が開いていないことが多い。重野拓基らの調査研究では、埼玉県熊谷市で二〇一六年五月から一〇月にかけて小学校二九校、中学校一六校における熱ストレスによる保健室来室者が記録されている。図7－2のとおり、七月下旬から八月いっぱいまで、来室者が極端に少なくなっていることがわかる。なお、全国のいくつかの中学校や高校が学校通信や保健室だより等で公表している保健室来室状況（熱中症以外の事案も含む）をみても、多くの学校で八月の来室者はゼロまたは数名に限られている。

八月に来室者が少ないのは、夏季休業期間中に事故が起きていないのではなく、たんに八月は保健室が開いていない日が多いためである。そのため、養護教諭が直接に生徒の応急処置に当たることができない。くれぐれもここからは、制度上の対策として養護教諭の対応を義務づけるとの結論は導かれない。なぜなら、改めて部活動は自主的な活動であり、そのために養護教諭が保健室で待機している理由が立たないからである。そもそも熱中症に限っていうと、真夏にはスポーツ活動を控えるのが鉄則であり、答えは最初からわかっている。ただ、大人の側が八月に試合を設定し、そのために生徒が練習を余儀なくされている。

活動環境の乏しさは、枚挙に遑《いとま》がない。水泳部が使用する学校のプールはその代表例である。水泳部では大会に出場するために、飛び込みスタートの練習がおこなわれる。その際に、頭部をプールの底に打ち付けるケースが後をたたない。頸髄を損傷して後遺症を負うこともある。学校のプールは溺水防止のために、水深が浅くつくられている。溺水事故を防止するためには最適だが、飛び込みをおこなうには浅すぎる。

二〇一九年六月には福岡県筑前町の町立中学校で、当時一年生の女子生徒が水泳部の練習でプールに飛び込んだ際に首の骨を折る重大事故が起きた。生徒は頸髄を損傷し、現在も胸から下に麻痺が残っているとのことだ。二〇二一年一一月に、町が生徒側に一億三八〇〇万円の賠償金を支払うことで和解が成立したと、町から発表があった（『朝日新聞』二〇二一年一二月一日付、『読売新聞』二〇二一年一一月三〇日付）。

かつては体育の授業でも、飛び込みスタートが指導されていたものの、学習指導要領において小学校では二〇一一年度から、中学校では二〇一二年度から、授業における飛び込みは禁止されており、高校においても二〇二二年度からの学習指導要領で禁止に近い扱いに変更されている。なぜなら、授業の飛び込みスタートで重大事故が相次いだからである。国としては子どもの安全を守るために、体育の授業では飛び込みスタートを禁じた。ところがその同じプールで、部活動の時間になると、禁止が解除される。「自主的な活動」という部活動の位置づけが、国や自治体における環境整備の徹底を免責してしまうのだ。

かくして、教師や教育行政関係者など大人側の落ち度は、生徒の心身の傷に帰結する。

第Ⅲ部

コロナ禍の学校

8 インフルエンザにかからない方法
マネジメントがリスクを生み出す

インフルエンザ対策に追われる

コロナ禍以前から、私は感染症対策に神経を使ってきたほうだった。具体的には冬季のインフルエンザ対策である。冬季は、大学の業務のなかでもっとも重要な入学試験がつづくからだ。

仮にインフルエンザに罹患した場合、会議や授業についてはお詫びして欠席すればよいのだろうが、入試業務ともなると代理を立てなければ試験が実施できない。しかも大学院の入試の場合には、志願者は教育学のなかでもたとえば「教育社会学」という特定の専門領域で学ぶことを目指して試験を受ける。そのため、「教育社会学」を専門とする私こそがしっかりと志願者の力量を見極めなければならない。責任は重大だ。

インフルエンザの予防接種は、いつも秋には済ませている。大学の研究室と自宅の部屋は、加湿器をずっと稼働させている。いずれにしても最終的には、ウイルスを口などから体内に入れなければよいので、手指を洗ったりアルコールで消毒したり、またマスクを着用したりと、基本的な対策に怠りはない。

外から家に入る際には、できるだけどこにも触れないようにしながら洗面所へ直行し、手指を石けんで念入りに洗う。食事は箸やフォークを使えば済むのだが、錠剤の薬を服用したり、スナック菓子を食べようとしたりする際には、指で直接にそれらに触ることになるため、その前にまたアルコールで消毒する。

このように自分でもやりすぎだと思えるほどに、私はインフルエンザに怯えている。流行が収まるであろう春が、とにかく待ち遠しい。

インフルエンザに一生涯かからない方法

インフルエンザにかからないようにと日々神経を使うなか、「いままで一度もインフルエンザにかかったことがない」という人たちに、ときどき出会うことがある。私は四～五年に一回は罹患してきた（だからこそ、対策を徹底するようになってきた）だけに、罹患したことのない人たちが、本当にうらやましい。

そう考えているうちに私はついに、インフルエンザにかからない究極の方法を思いついた。仮に八〇歳代まで生きられるとして、その間、一度もインフルエンザに罹患せずに済む方法だ。私に限らず読者のみなさんも、日常生活を送りながらすぐに今日からでも使える実践である。

家から一歩も出ない、人に会わない、ということではない。それでは生活が成り立たなくなる。ヒントは、ここまで述べてきたことのなかに含まれている。すなわち、インフルエンザに対して敏感であるほど、その人に何が起きるのかを考えれば、おのずとわかるだろう。

インフルエンザにかからない究極の方法は、「病院に行かない」ことである。「馬鹿にするな」と思われるかもしれない。だが、実際に「インフルエンザ」と診断されるためには、病院に行って検査を受けなければならない。どれほど高熱で咳き込んでも、病院に行かなければ、それは「体調が悪い」で片付いてしまう。

数年前の三月の朝、私は目覚めると、身体がほんの少しだけ熱っぽく感じた。時期が時期であるだけに、インフルエンザの疑いがある。季節が夏であれば、病院に行かずに市販の風邪薬を飲んで済ませていたかもしれない。ただ風邪薬を服用したことで仮に発熱が抑制されてしまっては、インフルエンザの症状を自分で確認できなくなってしまう。そう考えて私は、市販薬はいっさい服用せずにすぐに近所の病院に行った。

その結果は、「陰性」だった。「ただの風邪のようですね」と医師に言われて、私はほっとして自宅に戻った。安心はしたものの、それでも「病院に行くのが早すぎたのではないか」という疑念が生じてきた。インフルエンザの検査は、発症からの時間が短すぎると（一二時間以内）陽性を見逃しやすくなることが知られている。

だから私は、自主判断で大学を休んだ。幸い三月だったので、私の入試業務はすべて終わっていた（だから油断したのかもしれない）。そして自宅で寝込んでいる間に、体温はぐんぐんと上昇し、激しい悪寒が走るようになった。自覚症状が出てから一二時間を超えてもう一度検査をしてもらうために、私は別の病院の夜間救急外来を訪れた。そこでようやく「陽性」と診断された。

本当のことはわからない

こうして振り返ると、私はインフルエンザにかかりたくて仕方なかったようにも見える。くれぐれもそれは、「インフルエンザウイルスに感染したかった」ということではない。「インフルエンザ」という診断名を求めていたということだ。

絶対にインフルエンザにかかりたくない。だから体調の小さな変化に怯えて、病院で検査をしてもらった。「陰性」と診断されても疑いは晴れず、時間を経て別の病院でもう一度検査を受けた。そしてついに「インフルエンザ」の診断が下された。インフルエンザを感知するアンテナを高く張った結果、「インフルエンザ」を見逃すことなく証明することができたのだ。あのとき、「風邪にすぎない」あるいは「気合いで乗り切る」と考えたならば、私は「インフルエンザ」の診断結果にたどり着くことはなかっただろう。

ある職場で、一人の従業員が数日にわたってゴホゴホと咳をしながらデスクワークをしていた。「私はインフルエンザじゃない」と言い張っている間に、まわりの席の従業員が次々と「インフルエンザ」と診断されて職場を休むことになった。そしてついには、まわりの席にはだれもいないなか、咳が止まらない従業員一人だけが出勤をつづけた、という事実談がある。

本当のことは、だれもわからない。その咳は、アレルギー性の喘息によるものかもしれないし、インフルエンザによるものかもしれない。たしかに言えることは、（だれもウソはつかない前提において）その従業員は「インフルエンザ」の診断を受けていないということであり、まわりの席の従業員は「インフルエンザ」と診断されたということだけである。

同様に、「いままで一度もインフルエンザにかかったことがない」という主張についても、だれも本当のことはわからない。

ここ数年では国内のインフルエンザの患者数は、年間で一〇〇〇万人～一五〇〇万人で推移している（これは全国約五〇〇〇か所の医療機関の患者数をもとに推計された値で、二〇一八～一九シーズン以降における算出方法の変更が反映されている）。おおよそ一〇人に一人の割合である。単純に計算すると、二〇年間ずっと「インフルエンザ」の診断に無縁の人は、〇・九の二〇乗で一二・一％は存在する。三〇年間では四・二％、四〇年間では一・五％、五〇年間では〇・五％となる。

私の個人的な実感では、「いままで一度もインフルエンザにかかったことがない」という人は、四〇歳以上でもあちこちにいる。かつて診断されたことを、忘れてしまったのかもしれない。あるいは、インフルエンザ感知のアンテナが高い人と低い人で二極化していて、前者は頻繁に病院でインフルエンザと診断され、後者は病院にさえ行かないということなのかもしれない。いずれにしても、本当のことはだれにもわからず、ただ病院に足を運んでそう診断された人がいることだけがわかっている。

医療の専門家を抜きには語れない

インフルエンザも新型コロナウイルスも、本当の感染者数はわからない。それどころか、そもそも私たちは「新型コロナウイルス」なるものを、具体的にはまったく知覚できていない。見たこともないし、見る術もない。テレビやネットではしばしば、なんなのかよくわからない、ウニの群生のようにも見える写真が掲げられている。それが電子顕微鏡で観察されたウイルスの姿のようだが、私たちにとってはまったく馴染みがない画像だ。

新型ウイルスについて、雄弁に語ることを許されているのが、感染症の専門家である。新型コロナウイルス感染症そのものが主題とされるテレビ番組で、仮に感染症の専門家が不在だとしたら、少なくとも私は気持ちが落ち着かない。そうした視聴者のリアクションを予期してのことだろう、番組では毎回必ず感染症の専門家が最新の見解を提供してくれた。

こうした傾向は、社会学の世界では長らく「医療化」という概念で記述されてきた。早くにこの言葉を使用したのは、イヴァン・イリイチ（I. Illich）である。イリイチは、医療が人びとの生活に入り込み、人びとが医療に依存してしまう態度を問題視し、さらには医療にかかわることによって健康が害されるという意味の「医原病」という概念を創出した[1]。また、逸脱現象が医療化されていく歴史的過程を描いたことで知られるピーター・コンラッド（P. Conrad）は、医療化を「ある問題が、医療の用語で定義され、医療の言葉を用いて記述され、医療的枠組みの採用によって理解され、あるいは医療の介入によって『治療される』こと[2]」と包括的に定義している。

イリイチほどに医療化を辛辣に批判する必要はないと私は考えるが、イリイチやコンラッドの医療化論から指摘できるのは、私たちは全面的に医師の言葉、とりわけ感染症を専門とする医師の言葉に依存している事実である。「ＰＣＲ検査」というのも、コロナ禍前まで私たちはまったくその言葉を知らなかったはずだ。ＰＣＲというのは、Polymerase Chain Reaction の略称で、「ポリメラーゼ連鎖反応」と日本語訳される。英文を見ても何のことかわからないし、日本語に訳したところで、やっぱりわからない。電子顕微鏡で観察された画像にしろ、ＰＣＲ検査にしろ、私たちの耳目に幾度と触れているはずのものであっても、私たちはじつのところそれがなんなのかまったくと言っていいほど理解できていない。究極に「未知」のウイルスについて、私たちはただ感染症専門医の言葉を待つことしかできない。

これはウルリッヒ・ベック（U. Beck）が指摘したように、リスク認知の営みが高度に発達した科学知に依拠しなければならない状態である。ベックのリスク社会論の主眼とされる「新しいタイプ」のリスクは、「人間の知覚能力では直接には全く認識できない。それらは、しばしば被害者には見ることもできなければ感じることもできない危険である。（……）危険を危険として『視覚化』し認識するためには、理論、実験、測定器具などの科学的な『知覚器官』が必要である[3]」。

感染症専門医に全面的に依拠しなければならない今日の状況は、学会の対応にもあらわれていた。日本では、（感染症に関連する）医療系の学会のウェブサイトは、トップページに新型コロナウイルス感染症に関するなんらかの意見表明や企画案内を掲載した。いっぽうで、学校の一斉臨時休業（二〇二〇年二月二九日に安倍晋三首相［当時］が表明）をきっかけにして、学校教育はおおいに揺れ動いていたが、休業や再開のあり方をめぐって、教育系の学会がウェブサイトで何か特段の情報発信をしていたかというと、私がいくつか代表的学会を調べた限りでは、そうした動きは見られなかった。また、社会全体の激震を記述し、さらに社会的弱者への支援を模索するという点では、社会学系の学会の貢献も求められるところであるが、教育系同様に、特段の動きは見られなかった。

ただ、世界の動きはもう少し異なっていた。二〇二〇年四月の時点においてイギリス社会学会（British Sociological Association）では、学会長のスーザン・ハルフォード（S. Halford）が小論を寄稿し、いまこそ変化をもたらすべく社会学の洞察を活用すべきと社会学者に呼びかけていた[4]。ヨーロッパ社会学会（European Sociological Association）では、新型コロナウイルス感染症に関する小論の募集が始まっていた。アメリカ社会学会（American Sociological Association）では、新型コロナウイルス感染症に立ち向かうためのさまざまな資料やツールがまとめて紹介されていた。

今回の先が見えぬ未曾有の災害は、感染症のみならず、教育、労働、福祉、生活など多方面において、社会的弱者に直接的な打撃をもたらした。その意味では、感染症の専門家だけが意見を表明しているだけでは不十分である。社会科学の領域は、はたして「無関心」の態度のままでよかったのか。「無関心」は、ある意味においては幸せだ。なぜなら、マネジメントの必要性が生じないからである。だけれども……そうつぶやきながら、身体に迫ってくる不安から、マネジメントが発動する。

児童虐待の見える化

感染症にとどまらない。見えにくいものをめぐっては、それがいかに認定されうるのかが、当該事象の対応に大きな影響をもつ。

子どもが直面する重大なリスクの一つとして知られる、家庭での虐待を例にとって考えてみよう。児童虐待については、市井の人びとのみならず、専門家の間でもその「増加」を懸念する声が大きい。なるほど、児童相談所や民間の児童虐待防止機関への相談件数は、増加の一途をたどっている。またマスコミの報道からも、重度の虐待事件の発生を頻繁に見聞きする。

ところが、人類史においては子どもの遺棄や子殺しはしばしば容認されてきた出来事でもあり、けっして稀有なことではなかった。コンラッド（P. Conrad）とシュナイダー（J. W. Schneider）によれば、子どもに対する残酷な扱いは、神話の時代にまで遡ることができるという。そして古代とはいかないまでも、近代の一九世紀に入っても、先進諸国において子殺しや子捨ては広範に存在し、きびしい処罰が子ども期のしつけとしては標準的なものであった。たとえ「児童保護」の理念が唱えられたとしても、その関心の大部分はネグレクト（養育の放棄・怠慢）された子どもに注がれていて、身体的虐待の子どもには注がれなかったという(5)。

子どもに対する暴力は、長らく人間社会に存在してきた。ところが今日、そうした行為は容認されなくなりつつある。日本においても二〇〇〇年には「児童虐待の防止等に関する法律」が制定・施行され、二〇一九年の改正ではついに親権者による体罰を禁止する旨が第一四条に明記され、二〇二〇年四月から施行されている（なお罰則規定はない）。また児童福祉法も合わせて改正されており、親権者だけでなく里親や未成年後見人に対しても体罰の禁止が盛り込まれている。さらに、民法の第八二二条には、親権者は「監護及び教育に必要な範囲内でその子を懲戒することができる」として懲戒権が認められていたことから、民法の懲戒権も見直され、二〇二二年一二月に民法改正案が成立した。

子どもへの暴力がこうして問題視されるようになってきたのは、「私たちが子どもを認識する仕方が違ってきたから(6)」である。子どもの福祉や権利への関心が高まることによって、それまでは問題視されなかった子どもに対する扱いが、不適切な扱いとしてとりあげられるようになってきたのだ。したがって、すでにそこに存在していたものが、新しい価値観の台頭によって見える化したと説明できる。

これを踏まえると、虐待が増加しているという主張は必ずしも妥当ではない。人びとが子どもを叩く行為に敏感になり、それを解決すべきと考えたとき、「虐待」という問題が出現する。厚生労働省や虐待防止ＮＰＯ等の啓発により、人びとは子どもの虐待に意識的になり、その意識が児童虐待をいっそう顕在化させていく。

児童虐待にかかわる数値としてもっともよく参照される、児童相談所における虐待相談対応件数の推移は、統計値が公表されるようになった一九九〇年度以降の変化をよくあらわしている。一九九〇年度の時点では年間一一〇一件にすぎなかった件数は、二〇二一年度には二〇万七六六〇件（速報値）と、約一四五倍の増加である。

家の扉の向こうで、いったい何が起きているかは、容易にはわからない。児童相談所に通告されて公式に把握されたものが、「虐待」として論じられ、家庭や子どもへの支援が検討されていく。これはまさに、病院に行くことをとおして、「インフルエンザ」が具体的な診断名として与えられる状況と同じ構図である。

管理するからリスクが生まれる

このように考えると、私たちが普段「リスク」とみなしている事象に新たな見解を盛り込むことができる。

リスク・マネジメント（あるいは危機管理）という言葉がある。リスクの包括的な定義は次章にゆずるとして、リスク・マネジメントを字義どおりに理解するならば、リスクを見落とすことなくしっかりと管理して、最小限に抑えていこうという営みである。

社会学者のルーマン（N. Luhmann）は、「リスク」と「危険」を区別し、未来の損害の可能性が自分の「決定」に帰されない（他者や外部環境に帰される）ときそれを「危険」とよび、自分の「決定」に帰属されるものを「リスク」とよぶ(7)。つまり、自分の関心事にならずに放置されつづけるものが「危険」であり、関心をよんで何らかの対応が決定されるものが「リスク」である。

ここで重要なのは、努力によってリスクをゼロにすることはできないということだ。これは単に、絶対的な安全の達成が不可能であることを意味しているのではない。何らかの決定を下したとき、その決定が新たなリスクを生み出すことを意味している。インフルエンザウイルスに感染しない（または他者を感染させない）ためにマスクを買おうと決意したところで、次にはどの種類のマスクを選ぶべきかを決めなければならない。最適のものを買ったところで、その先には感染をより抑制するためにマスクをどう着用すべきかを判断しなければならない。決定をおこなう限り、リスクがつきまとう。

なお厳密に言うと、「無関心でいよう」「放置しよう」ということも決定の一つであるから、それはリスクとして理解されなければならない。実際に「無関心でいよう」と決定した結果、まわりに多大な迷惑を及ぼして、「なぜ対策を立てなかったのか」とその責任が問われることもありうる。そう考えると、完全な無関心状態（「危険」を享受する状態）というのは、ある意味では幸せな状況だ。なぜならそこには何の決定も介在せず、何のリスクも生じないからである。ひとたび何かを決定した瞬間に、そこにリスクが生み出されていく。

ルーマンの考えに倣えば、リスク・マネジメントとは、リスクをマネジメントするという意味以前の状況として、マネジメントしようとするからリスクが生まれると考えられる。インフルエンザ、新型コロナウイルス、児童虐待、いずれもマネジメント（＝解決や改善をめぐる決定）に着手した途端に、膨大なリスクが次々と浮かび上がってくる。

さてこうしてリスクを俯瞰したところで最終的に、「ならば、完全な無関心状態でいられたら幸せだ」という結論には向かわないだろう。インフルエンザや新型コロナウイルスが流行し、子どもへの暴力が蔓延しているような世界は、実質的にやはり悪夢だ。こう考えたときに私たちは、何らかのマネジメントに着手できるようアンテナを高く張りつづけざるをえない。どこまでをマネジメントするかまたは放置するかは私たちの手に委ねられているとしても、私たちはその意思決定から逃れることはできない。

果てしなきマネジメント

　リスクに完全に無関心でいられるならば、私たちの生活には何も変化は生じない。一方でリスクを「マネジメント」すると決定した途端に、新たなリスクが生み出される。「新たなリスクが生み出される」とは、「危険性が高まる」との意味ではない。「リスクが新たに認知される」との意味である。関心を持てば、いろいろなことが見えてきてしまう。マネジメントが開始されれば、リスクは増殖し、そのためにまた新たなマネジメントが発動される。闘いは果てしなくつづく。

　感染症マネジメントの囚われの身となっている私にとっては、手洗いの方法やマスクの使い方などは、コロナ禍前のインフルエンザとの闘いにおいてすでに習得済みである。コロナ禍初期に私が新たに取り組み始めた、日常生活のリスク・マネジメントがある。帰宅後から室内モードに入る過程において、ウイルスの持ち込みを、ゾーニング的手法によって、徹底して排除することだ。

　ゾーニングという概念は、コロナ禍初期の二〇二〇年二月に話題となった大型クルーズ船であるダイヤモンド・プリンセス号の船内の管理体制をめぐって、耳にした言葉である。グリーンゾーン（安全区域）とレッドゾーン（区域）を厳格に分離する管理体制を指す。

　さすがに狭い自宅では物理的に空間を分離することはなしえないのだが、時間的にグリーンとレッドを分離することは不可能ではない。たとえばスーパーの買い物袋を室内に持ち込んだ際には、

「レッド、レッド……」とブツブツ言いつづけて、室内にはいっさい手を触れない。次に手を洗って、今度は「グリーン、グリーン……」とつぶやきながら、持ち帰ったスマホやタブレットもアルコール消毒したり、エアコンのリモコンを操作したりする。持ち帰ったカバンに触ったときには再び「レッド、レッド……」と警告を発して、室内に触れないようにする。我ながら、涙ぐましい努力である。こうして、いままではまったく「無関心」であったことが、すべて「マネジメント」の範疇に入ってくる。

念のため付け加えておくが、私はけっして神経質なタイプではない。日常生活も仕事も、かなりゆるゆるだ。言い換えるならば人や物事に対して、「無関心」である。私の身近にいる人であれば、私がいわゆる「いい加減な性格」であることは、だれもが知っている。ただ、リスク研究者という立場があるがゆえに、とりわけコロナ禍初期においてはそのマネジメントだけが果てしなく暴走していった。

「感染者数」は正しいのか

リスクは、けっして客観的な危険性の指標だけでは語れない。私の住まいは、新型コロナウイルス感染症対策については、客観的にそれなりに高い安全性を維持しているはずであった。ところが、そこの住人はだれよりもリスクに怯え、「レッド、レッド」とつぶやいている。

私は本書で一貫して、物事がどう見えるのかを論じている。学校の教員における長時間労働の負荷は、学校では顕在化しないけれども、ネットでは顕在化する。スポーツ活動中のケガは「つきもの」とあきらめていたものが、データをとおして事故の発生機序が示されることで、急に「防げるもの」となる。そして新型コロナウイルスについても、多くの人が気にせずにいられることでも、私個人においては過剰なまでにそれがリスクとして視界に入ってくる。いずれにおいても、そこで起きている事実には、何の変わりもない。だが、その事実をどう認知するのかは、さまざまな条件次第でおおいに変わりうる。

新型コロナウイルスの「感染者数」は、ＰＣＲ検査などの方法によって把握される。すなわちどれだけ体調が悪くても、検査の網にかからない限りは、感染者としてカウントされることはない。「感染者数が疑わしいことくらい、よくわかっている」と思われるかもしれない。それは、これほどまでに何度も報道がくり返されているからにすぎないと私は考える。つまり私たちに、感染症者数の数値を読み解くリテラシーが形成されているということだ。

一方で私の実感では、数値というのは頻繁に誤読される（私自身が誤読することもしばしばある）。たとえば、講義や講演会で、都道府県別にみた子ども一〇〇〇人あたりのいじめの件数（年間）を示して、「住むとしたらどの自治体がよいか」とたずねると、八〜九割の参加者は、件数が最小値の自治体を選ぶ。多くの人たちは「いじめの件数は少ないほうがよい」と考えているからだ。いじめの件数は、人びとの認知のあり方に大きく左右される。私は、教員免許状は一つももっていないけれども、クラスのいじめをゼロ件にする自信がある。いじめのような状況を見たり聞いたりした場合に、「それはじゃれあっているだけ」「仲がよい証拠」と言って、その事案に向き合わなければよい。つまり、目をつぶればよいのだ。これで、統計上のいじめは、容易にゼロ件にできる。逆に、いじめを見つけようとすると、それなりにアンテナを高く張らなければならない。子どもの日々の行動や様子に、しっかりと注意を払う必要がある。こうして、いじめの件数は増えていく。

さあ、いじめの件数が大きい自治体と小さい自治体、どちらを選ぶべきか。

じつは文部科学省は二〇〇六年度に、いじめの件数を「発生件数」から「認知件数」に言い改めている。文部科学省に設置されている国立政策研究所が作成した「いじめの『認知件数』」と題されたリーフレット[8]によると、発生件数から認知件数への変更は、「いじめに対する考え方を一八〇度転換することを求めるもの」である。「限界のある数字でありながら、あたかも客観的に全体を把握したものと誤解させる『発生件数』や『発見率』などの表現を用い続けること自体、いじめに対する無知や無理解を示しています」と、強烈な表現でもって、件数の誤読を問題視している。

新型コロナウイルス感染症という災害は、とても不幸なことだけれども、そこから学ばなければならないこともたくさんある。発表された数値を実際の発生状況と素朴に理解するのではなく、丁寧に読み解きながら「正しく怖れる」ことが必要である。

9 リスクのアンテナ

ゼロリスクをあきらめる

学校再開をめぐる感染の不安

コロナ禍において私たちは、子どもを含めこの社会に住まう人びと全体の「安全」を考えつづけた。

学校教育について言うと、二〇二〇年二月二七日の安倍晋三首相（当時）による要請を受けてから五月末に至るまで、全国の大多数の学校は、新型コロナウイルス感染症の拡大防止を目的とした一斉休校の状態に入った。当初は、春休みが明けた時点で再開するとの期待があった。だが実際には、四月七日に七都府県を対象とした緊急事態宣言が発せられ、一六日にはそれが拡大され全都道府県が対象となり、一部の地域を除くほとんどすべての学校で、休校がつづいた。緊急事態宣言は五月一四日に八つの都道府県を除く三九県でまず解除され、最終的に五月二五日に一か月半ぶりに全国で解除されることとなった。学校は五月下旬頃から全国的に再開し始め、分散登校や分散授業といった方法も取り入れながら、少しずつ日常を取り戻していった。

さて数か月にわたる休校期間中、新型コロナウイルス感染症の流行を受けて、「学校を再開させないでほしい」という切実な訴えが、保護者や教員からだけでなく、子どもからもたびたび発せられてきた。緊急事態宣言の解除にともなってそうした声は小さくなったものの、六月に入った時点でも一部の保護者の間では「出席停止」扱いを望む声があった。感染を回避するために子どもに学校を休ませたいと保護者が要望する場合に、「欠席」扱いではなく「出席停止」扱いとするもので、文部科学省も合理的な理由があれば「出席停止」扱いとすることを認めた。

私個人のところにも、学校再開を不安視する声は、いくつも寄せられた。そのたびに私はどう返してよいものか、答えに困った。感染症専門医や行政が教育現場の実情を理解していない可能性は大いにある。その意味で、現場の懸念は必ずや伝えられなければならない。だが、新型コロナウイルスの感染を徹底的に回避するためのもっとも効果的な方法は、自宅待機だ。国民全体にＰＣＲ検査を実施して陽性者数ゼロが確認されるまで、子どもはずっと家に待機させるしかない。いったいどこまで新型コロナウイルスの感染を回避しつづければよいのか。

感染リスク「ゼロ」をあきらめる

コロナ禍の期間中、私たちはいつになく「安全」を希求してきた。この「安全」という言葉は、国際基本安全規格（ISO/IEC GUIDE 51：一九九〇年に策定され、改訂版が一九九九年に、三訂版が二〇一四年に発行されている）では、「許容不可能なリスクがないこと」と定義されている。

ややまわりくどい表現だと思われるかもしれない。「安全」とはまずもって、「リスク」を裏返したかたちで定義されている。しかも、それは「許容不可能なリスク」と限定されている。ここで重要なのは、「許容不可能なリスク」があるということは、つまり「許容できるリスク」があるということだ。リスクとは全面的に回避すべきものではなく、どこかの段階で受け入れなければならない。「安全学」を展開する向殿政男はこの国際基本安全規格における「安全」観を、「絶対安全やリスクゼロをはじめから放棄していて、安全といっても許容可能なリスクは存在している状態ということである」と整理する。(1)

私たちはこの世に生を受けた時点で、だれしもが死亡確率一〇〇％のリスクに直面する。そして私たちの生活は、いまこの瞬間も数多《あまた》のリスクにさらされている。ステイ・ホームでずっと室内にとどまっていれば、運動不足に起因する疾患のリスクが高まる。病気以外にも、いま座っているイスからいつ転げ落ちるかわからない。突然に、強盗が入ってくることもありうる。これらのさまざまな出来事が「絶対に起こらない」とは言えない。だから、新型コロナウイルスへの感染に限らず、ゼロリスク（絶対安全）は幻想にすぎない。

ゼロリスクはありえないとして、しかしながら私たちはその数多のリスクに日々怯えているわけではあるまい。もちろん、運動不足にならないように身体を動かしたり、イスには深く腰掛けたり、家の戸締まりはしっかりしていることだろう。それでもリスクはゼロにならないからと、さらに対策を徹底しているかといえば、そうではない。リスクとは基本的に「回避」すべきものであるけれども、一方で「許容」すべきものである。私たちはじつにたくさんのリスクを受け入れることをとおして、いまを生きているのだ。リスクは「回避」の裏側に「許容」が接合することを、私たちは理解しなければならない。

文部科学省に設置された「学校における新型コロナウイルス感染症の対策に関する懇談会」は、二〇二〇年五月一日の時点で今後の学校再開を想定して「新型コロナウイルス感染症対策の現状を踏まえた学校教育活動に関する提言」を発表した。その一ページ目には、「新型コロナウイルス感染症の学校における集団発生報告は国内外においても稀であり、小児年齢の発生割合、重症割合も少ない」といった現状を踏まえて、「学校における感染リスクをゼロにするという前提に立つ限り、学校に子供が通うことは困難であり、このような状態が長期間続けば、子供の学びの保障や心身の健康などに関して深刻な問題が生じる」ことが下線付きで強調されている。

また、二〇二〇年五月二二日に文部科学省が学校再開に向けてより具体的な学校運営上の工夫を示した「学校における新型コロナウイルス感染症に関する衛生管理マニュアル」においても、「新型コロナウイルス感染症とともに生きていく社会を作るためには、感染リスクはゼロにならないということを受け入れつつ、感染レベルを可能な限り低減させながら学校教育活動を継続していくことが重要です」との見解が示されている。ゼロリスクが不可能であることを「受け入れつつ」、「感染症とともに生きていく」と記されているように、この一文には、ここまで示してきたリスクの考え方が盛り込まれている。「コロナに感染するかもしれない」という学校再開への不安に対する、文部科学省からの一つの応答であるように見える。

ただし一つ付記せねばならないのは、ゼロリスクが幻想であるとしても、だからと言って、いくらでもリスクにさらされてもよいわけではない。ここまでも注意深く述べてきたように、リスクは基本的には低減されなければならない。くり返せば、家のなかにいても軽い運動をすべきであるし、イスにはしっかりと深く腰掛けるべきであるし、家の戸締まりも忘れてはならない。リスク回避の努力を怠るべきではないけれども、ゼロは目指せないということだ。

本書第4章の「スポーツにケガはつきものか」で警鐘を鳴らしたように、私たちは安易に「ケガはつきもの」との定型句で事態を片付けようとする。ゼロリスクが幻想であることと、ケガはつきものであることとは、意味としては同じである。だがむしろ後者は、あきらめや開き直りの境地である。

私自身これまで、学校管理下のスポーツ活動を中心に各種リスクを問題視してきた。その際に、決まって返される言葉が「ケガはつきもの」であった。これは、リスク回避の営みを最初から放棄するときに示される態度であり、「ケガはつきもの」という発想自体が、ケガを再生産することにつながる。リスクは「ゼロ」でもなければ「つきもの」でもない。ゼロか一〇〇ではなく、リスク回避を目指しつつも、それでも（残ってしまった小さな）リスクをどこかの段階で受け入れる。これが、リスクや安全を考えるときに私たちに求められる態度である。

リスクとリスクのトレードオフ

新型コロナウイルス感染症への対策として、ソーシャルディスタンスの確保が求められるなか、ルーマニアの靴職人が、物理的に距離がとれるようにと、靴先の長い革靴をつくったという。この靴を履いて人どうしが向き合うと、約一・五メートルの距離が取れるとのことだ（『東奥日報』二〇二〇年六月六日付）。また中国のある小学校では、学校の再開時に子どもが幅一メートルの帽子をかぶったという。宋の時代の官僚が使用した帽子を模して、帽子の両脇に長さ五〇センチメートルの段ボールが差し込まれている（『大紀元時報』インターネット版、二〇二〇年四月二九日付）。

画像で見た限りは、先の長い靴も、横に延びた帽子も、いずれも日常を過ごすには支障がありそうだ。靴の先が長いと、それだけでスムーズに歩くことは難しくなるだろう。段差にもすぐに引っかかってつまずきそうに見える。横幅の広い帽子も、プロペラのように段ボールが突き出ていることで、帽子が教室の入り口に引っかかるだろうし、隣の子どもの目に突き刺さる危険性もある。第三者からすると、不安ばかりが高まっていく。

グラハム（J. D. Graham）とウィーナー（J. B. Wiener）は、著書『リスク対リスク』のなかで、「特定のリスクを減らそうとよく考えてした努力が逆に他のリスクを増やしてしまうことになる」[2]現象を「リスク・トレードオフ」と呼んだ。低減すべきリスクに対処したところ、別のリスクが「副作用」のようなかたちで生じる。たとえば頭痛を減らすためにアスピリンを服用したとき、胃痛や潰瘍が引き起こされるような事態である。「あちら立てれば、こちらが立たぬ」ということだ。

長い靴や帽子の例は極端であるとしても、リスク・トレードオフの観点でいうと、マスク着用による熱中症のリスクは、学校教育の重大な課題となった。

エアコンが効いた空間で、マスクを着けてデスクに向かうだけなら、それほどしんどいことはない。だが、気温が高いなかでマスクを着用し、さらにはそこでしばらく歩こうものなら、一気に息苦しさが増す。厚生労働省では『「新しい生活様式」における熱中症予防行動のポイント』として、一点目にマスクの着用に関する留意事項をあげた。「マスクを着用していない場合と比べると、心拍数や呼吸数、血中二酸化炭素濃度、体感温度が上昇するなど、身体に負担がかかることがありま す」ということで、「マスクを着用する場合には、強い負荷の作業や運動は避け、のどが渇いていなくてもこまめに水分補給を心がけましょう」と呼びかけた。また、人との距離を十分にとれる場合には、マスクをはずすことも推奨した。

リスクのアンテナ

新型コロナウイルスの感染が拡大したところで子どもがどれほど病院に運ばれることになるのかはわからないが、熱中症については、毎年多くの子どもが病院に搬送されていることはたしかである。日本スポーツ振興センターの「学校事故事例検索データベース」を用いて二〇〇五〜二〇一八年度における死亡見舞金の支払い事例を調べると、熱中症による死亡事故は二五件が確認できる。一年あたり平均一・八件である。

毎年二名近くの子どもが、学校で熱中症により死亡していることを、この場で強調しておきたい。新型コロナウイルス感染症以上に、熱中症には注意が必要であるようにも思われる。新型コロナウイルス感染症を予防するためのマスク着用が、かえって熱中症のリスクをいっそう高めるのだとすれば、状況によってはマスクをはずすことが積極的な選択肢になりうると言える。

文部科学省の調査によると、二〇二二年九月において、全国の公立学校にある普通教室四二万七八九一室のうち、四〇万九六二一室にエアコンが設置されている。設置率は九五・七%である。エアコンの設置は、ここ数年で急速に進んだ。こうした動きが起きたのは、二〇一八年七月に愛知県豊田市で小学一年男児が熱中症により死亡したからである。校外学習に出かけて教室に戻ってきたものの、そこで男児は倒れてしまった。教室にエアコンは設置されていなかった。

そしてエアコンの設置は、よくも悪くも夏休み短縮の実現可能性を高める。もともと二〇〇〇年代頃から、授業時数を確保するために夏休みの短縮が全国各地で進められてきた。そこに熱中症対策や学力向上を大義としてエアコンが設置されたことで、夏休み期間中も比較的快適な学習環境が保たれるようになった。こうした背景のなか、二〇二〇年においては新型コロナウイルス感染症による三か月間の休校が、夏休みの短縮に拍車をかけた。

ところがここで気がかりなのが、エアコン稼働中の換気である。多くのエアコンは、室内の空気を吸い込んでその空気を冷やして室内に戻している。室内の空気を循環させるだけであり、室内と室外の空気を入れ換えているわけではない。これでは、教室内は密閉されているも同然だ。新型コロナウイルスの感染を予防するには、窓を開けたい。一方で、熱中症予防のためには窓を閉めて効率的にエアコンを稼働させたい。ここにもリスク・トレードオフが発生する。新型コロナウイルスばかりを怖れているわけにはいかない。

直接的なトレードオフ関係にはないとしても、注目すべきリスクがまだ他にもある。私がこれまで本書で何度か言及してきた季節性のインフルエンザだ。

じつは二〇二〇年においても、季節性インフルエンザにより富山県の小学校で一一歳の男子児童が命を落としている。すべての事例が報道されているわけではないものの、長野県の小学校では二〇一九年一月に男子児童が、一二月に女子児童が死亡している。これら三事例は感染源がどこなのかについては報道されていないが、死因は共通していて、インフルエンザ脳症による死亡と伝えられている。新型コロナウイルスとインフルエンザを比較してどちらのリスクが大きいのかを検討したいのではない。重要なことは私たちが「リスクのアンテナ」をどう張っていくかだ。新型コロナウイルスは「未知」であったために私たちは、アンテナを高く張った。だからと言って、「既知」のリスクを放置してよいわけではない。新型コロナウイルス感染症の対策は、季節性インフルエンザに適用できるものもたくさんあるはずだ。

新型コロナウイルス用のアンテナはどこまで高く張っておくべきなのか。別のところにもアンテナを張っておいたほうがよいのではないか。私たちは数年にわたって安全・安心を軸に、学校・社会生活のあり方を模索しつづけてきた。この理念はいずれコロナ禍が収束したとしても、忘れてはならないことである。リスクは、コロナだけではない。

10　だれが子どもを黙らせているのか

メディアはメッセージである

二〇二〇年に始まったコロナ禍は、三密（密集、密接、密閉）の回避に代表されるように、私たちが過ごす共在空間のあり方を激変させた。学校や職場で当たり前のようにおこなわれていた、物理的な空間を共有するかたちでの対面コミュニケーションは、インターネット回線を用いたオンラインのコミュニケーションに取って代わられた。

コロナ禍は、私たちと「メディア」の関係を大きく変えた。ここでいうメディアとは、マスメディアの意味に限定されない。「メディア」（media）は、情報伝達の媒体を意味する「メディアム」（medium）の複数形である。情報を伝える手段は広く「メディア」であり、今日のインターネットはもちろんのこと、原初的な声や、身振り、手振りもメディアであり、壁画（壁と絵）もまたメディアである。

メディア研究の代表的論者として知られるマーシャル・マクルーハン（M. McLuhan）は、その著書『メディア論――人間の拡張の諸相』において、「メディアはメッセージである（The medium is the message）」とのテーゼを残している。[1] 私たちはたとえばあるテレビ局のニュース番組が用意したコンテンツの影響を読み解くことに関心を向けるが、じつはテレビという種類のメディアそのものが人間の生活に与える影響こそが重要だと、マクルーハンは主張する。メディアはメッセージを伝えるためのただの仲介役ではなく、メディアそれ自体がメッセージとして私たちの経験や人間関係に多大な作用を及ぼすのだ。

声は、発した瞬間に消えてしまう

ヨーロッパ文学を専門とする山口裕之は、壮大なマクルーハンの議論を整理し、メディアの史的展開を、①音声言語、②文字、③電子メディア、の三段階、あるいは文字の段階をさらに二つにわけて、①音声言語、②文字（手書き）、③文字（活字）、④電子メディア、の四段階に区分する。[2]

音声言語とは、声を指す。ただし、文字を読み上げる声ということではなく、文字が使われる以前の時代における声のコミュニケーションである。声につづいて、文字の段階が訪れる。文字の段階では、先に手書きがあり、次に活版印刷による活字が用いられる。文字の段階を経て、電子メディアが台頭する。ここでいう電子メディアとはテレビのような映像メディアを想像するとよい。

また、メディア史の専門家である有山輝雄は、さまざまなメディア研究者の巨視的な時代区分を整理しその展開を、①口頭メディア、②手書き文字メディア、③印刷メディア、④電子的映像メディア、⑤インターネット、とまとめている[3]。マクルーハンの『メディア論』が一九六四年刊であったことも踏まえると、マクルーハンの三段階ないしは四段階に、新たにインターネットの段階がくわわったかたちといえる。これらのメディアが、それぞれに私たちの生活のあり方を大きく左右している。

マクルーハンとほぼ同時代に活躍したメディア研究者で、とくに原初的な「声の文化」に着目したのが、ウォルター・オング（Walter J. Ong）である。名著『声の文化と文字の文化[4]』において、オングは、①声、②文字を書くこと、③文字を印刷すること、④エレクトロニクス、の四区分を示し、そのうえでオングは徹底して①の「一次的な声の文化」を分析する。「一次的な声の文化」とは、「まったく書くことを知らない文化」である。私たちはいまも日常的に声を発したり聞いたりしている。だがそれらは、文字の読み書きが身にしみついた世界における声にすぎない。

オングは、「書くことは、人間の意識をつくりかえてしまった」と主張する。それは、文字のない時代に、声だけで会話したり思考したりすることを想像すればよい。いま、あなたは私のこの本を、まさにこの一字一句を追っている。適当なタイミングに、この本にしおりをはさんで食事をとることもあろう。重要だと思った箇所には、もう一度戻って、読み直しながら線を引くこともあるかもしれない。文字はいつでも、どこでも、あなたの手元にある。

さて、まったく文字がない世界において、私がいまあなたに話しかけていて、幸いにも話の内容に関心をもってくれたとしよう。あなたはその場を中座することはできないし、重要だと思ってもノートに文字で「記録」をとることもできない。あなたは私の発言を「記憶」するために、私の声に集中することになる。私もまた、自分の声がすぐに忘れ去られてしまわぬよう、あなたに注意深く話しかけざるをえない。

声は、発した瞬間に消えてしまう。だからこそ、そこには今日とはまるで異なるコミュニケーション、ひいては人間関係が存在するのだ（それにしてもこのようなことを文字で表現していること自体が、自己矛盾に陥っているようでもあり、気持ち悪いものだ）。

大人と子どもが対等になるとき

メディアの変容は、私たちの人間関係を大きく左右する。ここから先は、とくに大人と子ども、あるいは教師と子どもという権力関係にしぼって議論を進めていこう。

オングをめぐる議論であまり参照されることがないのだが、オングが示す、一次的な声の文化における「古老」の立場はとても興味深い。

オングによると、知識が声に依存している時代においては、知識を保存している博識の古老が高く評価される。かつて起きたことは、けっして文字で本などに記録されているわけではなかった。それは、古老のなかに宿っているだけだ。ところが、文字による記録が開始されると、過去を再現できる古老の存在意義は小さくなっていく。

知識が文字として私たちの記憶から外在化されたとき、知識は古老のみに所有されるものではなくなっていく。ただ、だからといって文字の文化によって若者が台頭してくると即断はできない。なぜなら、その文字による知識を、いったいだれが所有できるというのか。

ここに新たな見取り図を示してくれるのが、ニール・ポストマン（N. Postman）である。ポストマンの名著『子どもはもういない[5]』は、文字が誕生しそれが印刷機をとおして広範に社会に行き渡った時代から、テレビなどの電気を用いた映像メディアの時代への移り変わりを照射する。

印刷機の発明は、本の文化を定着させた。ポストマンはそれが、子どもと大人の分離を生み出したという。すなわち、「本に出ているあらゆる宗教的、非宗教的情報、多数の形式の著作物、記録された人間の体験の秘密のすべてを閲覧できたのは、読み書き能力がある大人たちだった。大部分の子どもたちは、それができなかった。これが、かれらが子どもだった理由だし、学校へかよわなければならなかった理由である」（訳書一一五頁）。

話し言葉とは異なり、文字の読み書きには、訓練が必要である。ポストマンが「かれらが子どもだった」というときの「子ども」とは、単純に年齢的に幼いことを意味するわけではない。概念として、大人とは異なる存在としての子ども、大人が教育すべき対象としての子ども、という意味であり、その教育が学校で教科書等の本を用いてほどこされたのである。

ところが、テレビという新たなメディアの登場により、「情報のヒエラルキーの基盤は崩壊する」。なぜなら、「人びとはテレビを見るのである。読むのではない。聞くのでもない。見るのだ。これは、大人にも子どもにも、知識人にも労働者にも、頭のよくない人にもいい人にもあてはまる」（訳書一一八頁、傍点ママ）と、ポストマンは力説する。テレビは、その人の置かれた立場に関係なく、平等に情報へのアクセスを保障してくれる。テレビを前にすれば、大人と子ども、あるいは教師と子どもは対等になりうる。

デジタル・ネイティブの台頭

そして最後が、インターネットの時代である。

幼少期からデジタル機器に囲まれ、インターネットをとおして情報をやりとりしながら育った世代はいま、「デジタル・ネイティブ」とよばれている。かつて、だれかに直接たずねたり、百科事典を調べたりしてたどりついた答えが、パソコンやスマートフォンさえ手元にあれば、インターネット回線をとおしていつでもどこでも入手できる。機器やアプリの操作もお手のものだ。インターネット上の文字情報を読み解くには、これまでと同じように一定の訓練が必要である。だが、同じくインターネット上にはYouTubeをはじめ、さまざまな動画情報があふれている。大人がたどりつく前に、子どものほうが先に、最適な情報を入手する。

もはや、テレビを前にして対等になった大人と子どもの関係は、インターネットの時代には、子どものほうこそがヒエラルキーの上層にやってくる。このような時代において、大人は情報の規制に熱心である。

パソコン、タブレット、スマートフォンなどの端末が、大人から子どもに提供される際に、大人の側で先に規制をかける。そうすることで、子どもは大人が見知っている範囲でのみ情報へのアクセスが可能となる。学校では、コロナ禍で一気に子どもへのタブレット配付が進んだが、そのタブレットでたとえばYouTubeの視聴が制限されているケースは、少なくない。

それらの情報規制は、大人が悪意をもって自身の権力の座にしがみつくためよりは、あくまで自分たちよりも未熟であるはずの子どもを守ってあげようというパターナリスティックな配慮からおこなわれている。ただそれが結果としては、インターネット時代に逆転しかねない権力の座を、文字の時代のままに保守することになる。

以上が、メディア論からみた、大人と子ども、あるいは教師と子どもの関係である。これらの理論は必ずしも現実とは一致していないだろうし、メディアだけで人間関係を説明しすぎていると思われるかもしれない。ただ私たちが気づかぬうちに、マクルーハンが指摘したように、メディアそのものが私たちの人間関係を左右していることには自覚的であるべきだ。

学生の目が死んでいる……？

私は普段、対外的には研究者として情報を発信している。一方で大学内では、学生を相手に授業をおこなう教育者でもある。大学の教育は、小中高のそれとは制度面でも現実面でも大きな相異があるとはいえ、それでも私自身も、立場上は教育者の一人である。

コロナ禍において、教育者として私の姿勢は大きく揺り動かされた。オンラインの講義では、学生はみなカメラをオフにする。私は、真っ暗闇のなか、授業を進めていく。いったい学生がなにを考えているのか、まるでつかめない。私は、新たに学生とのコミュニケーションの方法を開拓せねばならなくなった。

試行錯誤を経て私がたどりついたのは、「コメントスクリーン」というウェブサービスだ。「ニコニコ動画」をご存知であれば、その動画配信中に画面上に参加者のコメント（文字）が流れるのと同じような仕組みと考えていただければよい。授業中に学生が自分の意見を入力すると、Ｚｏｏｍで共有された画面上にそれが匿名で表示されて、右から左へとコメントが流れていく。

これまで私は講義形式の授業では、技量こそ高くないものの、学生の意見を拾い上げようと努めてきた。たとえば、教室内を歩きまわりながら適宜学生に質問を投げかけて、その回答をもらいながら授業を進めてきた。学生の声を授業内容に反映させようとしてきたものの、実際にそううまく進んでいたわけではない。質問を投げかけても、最初の一人か二人は、首を傾げて無回答。何人目かにようやく小さい声でぼそっと答えてくれる。

「正解」を言わないといけないと身構えているからだろうか。それとも、とにかく単位だけ取得できればそれでよいと考えているからだろうか。物言わぬ学生に出会うなかで、私は「学生の目が死んでいる」と感じるようになっていた。かつてよく言われた「レジャーランド化する大学」という揶揄が、よみがえってくる。

ところが、コメントスクリーンを用いた授業では、ボケやツッコミから鋭い意見、深い洞察まで、じつに多様な意見が飛び交う。さすがに常時、共有画面がコメントで埋め尽くされるというほどではないけれども、話題が盛り上がれば、追いかけるのが困難なくらいにコメントがつづく。コメントがあふれかえったせいでパソコンに負荷がかかって、私を含め何人かのＺｏｏｍが止まってしまったことも何回かある。

これまでは、何人かに質問をつづけてようやく一言の意見をもらえていた。それが、瞬時に同時多発的に意見があふれる状況へと、授業は一変した。実名・顔出しの空間では物言わぬ学生が、匿名の空間では、おしゃべりになった。匿名のよさが発揮されたかたちだ。

いまや私が、あらかじめ用意する授業の具体的なコンテンツは、コロナ禍前の三分の一にまで減った。全体として伝えたい内容はさほど変わらないとしても、私から提供すべき準備物は大幅に減少し、学生の意見で授業が展開していく。

そして授業は毎回、私にとってチャレンジングなものとなった。なぜなら、学生からどのような問いかけや意見が飛び込んでくるか、わからないからだ。鋭いコメントに応じきれず、私の権威は失墜していくばかりである。けれども、これほど楽しくまた刺激にあふれた失墜もない。

学生はけっして死んでいなかった。私が殺していたのだ。私は、学生からの意欲的な発言の可能性を早々とあきらめ、何らあらたなメディアを模索することもなかった。そうして年月が過ぎていった。コロナ禍がなければ、私はいまも、学生の態度を悲観する「権力者」でありつづけていることだろう。

第Ⅳ部

校則は変わるのか。

11　校則という桎梏《しっこく》

防寒具が禁止⁉

冬季には、外出の際にはコートやマフラーなど、防寒具が不可欠だ。ただそれでも天気によっては不要なこともあるし、個々人の寒暖の感覚差も大きい。

私自身は、気温が摂氏零度近くにならない限り、コートを着ることはない。外出時はマフラーだけで過ごしている。だから、だれかといっしょに屋外に出るときには、「あれ、コートは?」と忘れ物をしたかのようにたずねられることが、たびたびある。

一方で私は、寒いなか外を数分歩くだけで、耳の奥が強烈に痛くなる体質である（インターネットで調べてみると、同じ悩みを抱えている人がぼちぼちいるようだ）。だから、イヤーマフ（耳あて）が必携だ。耳に軽く乗せるようなものでは結局冷気が入ってきて耳の奥が痛み出してしまうので、締め付けの強いものをこだわって選んでいる。

コートは着ずにマフラーのみで、真っ黒のスーツ姿でイヤーマフというのが、私の冬の定番スタイルだ。ずいぶんと人が近づきがたい見た目になっている気もするが、これが私にとっては最善の選択である。

私個人のことはここまでにして、私たちは日々、暑かろうが寒かろうが、自分の寒暖の感覚でその日の身なりを決めている。一方で学校の日常に目を転じてみると、学校の服装というのはじつに制約が多い。

たとえば冬であっても、女子生徒のボトムスは一般にスカートである。女子／男子の制服が固定されているというジェンダーの問題にくわえて、まずもって直感的に寒すぎるだろうにと、私は思ってしまう。タイツ（ストッキング）を履いて防寒対策をするとしても、スカートよりもスラックス＋タイツのほうがより温かいはずだ。

衣替えの期間が決められていることも、よく考えてみると、謎である。冬服から夏服への移行が六月頃、夏服から冬服が一〇月頃というのが、全国的によく見聞きするパターンである。日々の寒暖差や個人の感覚差を考慮して「移行期間」なるものが設けられていて、その期間は夏服も冬服も自由に選べるようである。だがそれもあらかじめ定められた期日をもって終了し、「完全衣替え」となる。季節の移行に「完全」を設ける意味はどこにあるのだろうか。いつの季節であっても夏服

／冬服を選べるようにしておけばよいのにと、私は考えてしまう。

コートやマフラー・ネックウォーマーなどの防寒具等の着用を規制するケースも少なくない。NHKの宮崎放送局による二〇二〇年四月一三日の報道によると、宮崎県内の高校三七校について、同局が校則に関する情報公開請求をおこなったところ、四割にあたる一五校でコートやジャンパーなどの防寒着の着用が禁止されていて、その他にも二校では男子生徒のみが禁止されていたという。

防寒着類が余計な装飾品のようにみなされたり、コートは高額なものもありうることが懸念されたり（制服自体が十分に高額なのだけれども……）と、学校は華美で豪勢な振る舞いには不寛容である。これは冬の防寒着に限らず、服装や持ち物関連の校則に共通する特性である。

華美だからという理由以外にも、事故防止の観点から、防寒対策に慎重なこともある。愛知県の安城市では、「冬はマフラーやネックウォーマー、耳当ては禁止されています。危険だからという理由で安城市が禁止していると聞いたのですが本当でしょうか」という市民からの問い合わせについて、市側は「自転車通学の生徒のことを考えますと、マフラーは自転車の車輪に絡まる恐れがあり非常に危険であること、ネックウォーマーや耳当てにつきましては、自動車等の音が聞こえづらくなることに加え、ヘルメット着用が不十分になることも考えられる」との回答を示している（安城市ウェブサイト『市民の声』の公表」二〇一八年八月回答）。

命を落としかねない交通事故の防止となると、それなりに説得力がある。学校安全を長らく研究してきた私の立場としても、子どもの事故防止は最優先されるべき事項である。

しかしながら前記の回答中で問題視されているネックウォーマーは自転車の車輪に絡まる危険性はなく、また耳をふさぐものでもない。ネックウォーマーの着用こそが、交通事故のリスクが低くかつ防寒にも有効な最善の方法であるように思える。そもそも寒い時期に自転車に乗って外を走ることを考えると、防寒具を積極的に身に着けるべきであろう。防寒具なしで凍えながら自転車を運転することは、むしろ交通事故のリスクを高めるだろうし、風邪などの病気にかかるリスクも高めているように見える。

三〇年前の校門圧死事件

この数年、こうした理不尽な校則の問題が、たびたび報じられるようになってきた。そのきっかけは、二〇一七年の黒髪強要訴訟にある。

同年一〇月、大阪府内の公立高校に通う女子生徒が、生まれつきの茶色い髪を黒く染めるよう学校から強要されたとして、大阪府に対し損害賠償を求める訴えを起こした。この勇気ある訴えが火付け役となって、校則に対する関心が一気に高まった。私もこの高校生の動きに触発されて、荻上チキ氏とともに『ブラック校則――理不尽な苦しみの現実』（東洋館出版社）を二〇一八年八月に著した。

じつは理不尽な校則の問題は、教育界ではもはや「過去のこと」と思われてきた。すなわちいまの時代、子どもたちは数十年前に比べれば、自由な学校生活を享受しているだろう、という印象だ。

校内暴力が吹き荒れた一九八〇年代に、生徒を取り締まるための手段として、厳格な校則が適用された。校則は自由を束縛する桎梏《しっこく》としての性格を強め、子どもの人権を侵害していると問題視された。とりわけ三〇年前の一九九〇年七月に神戸市内の高校で起きた女子生徒の校門圧死事件は、管理教育の象徴としての校則の是非を、世に問うた。

一九九〇年七月六日、登校時の遅刻取り締まりのために、校門付近で教師三名が指導をおこなっていた。間に合わなければ、生徒にはグラウンド二周のペナルティが科せられる。「〇秒前！」とハンドマイクでカウントダウンの声が響くなか、午前八時三〇分のチャイムとともに、一人の教師が鉄製の門扉をスライドさせて閉めようとした。そこに、女子生徒一人が駆け込んでいった。教師は気づかずに門扉を押してしまい、女子生徒は頭部を挟まれて、その場に倒れ、命を落とした。

異様な光景ではあるけれども、門扉を閉めた教師は後に手記のなかで「事件当時は、校門を閉鎖して遅刻生徒を取り締まることは正しいと信じて疑わなかった」と述懐している(1)。つまり、異様な光景であったとしても、そこにいる当事者としては当たり前の正しい行為と理解されていた。

防寒具の着用を禁止するのも、根本は同じ理由だ。交通事故に遭うかもしれないし、風紀が乱れるかもしれない。生徒のためあるいは学級や学校のために必要な正しい解として、校則が適用されている。だからこそ、非難にさらされながらも今日もなお学校に根強く残っているのである。

さらに言えば、根強く残っているどころか、「過去のこと」では済まされないほどに、むしろその厳格さが強化されている側面もある。二〇一七年の黒髪強要訴訟を受けて朝日新聞社がおこなった調査からは、東京都立高校の約六割で、髪の毛が茶色だったり縮れていたりする生徒に対して、それが生まれつきのものであることを示す「地毛証明書」を提出させていることが明らかとなった（『朝日新聞』二〇一七年五月一日付）。

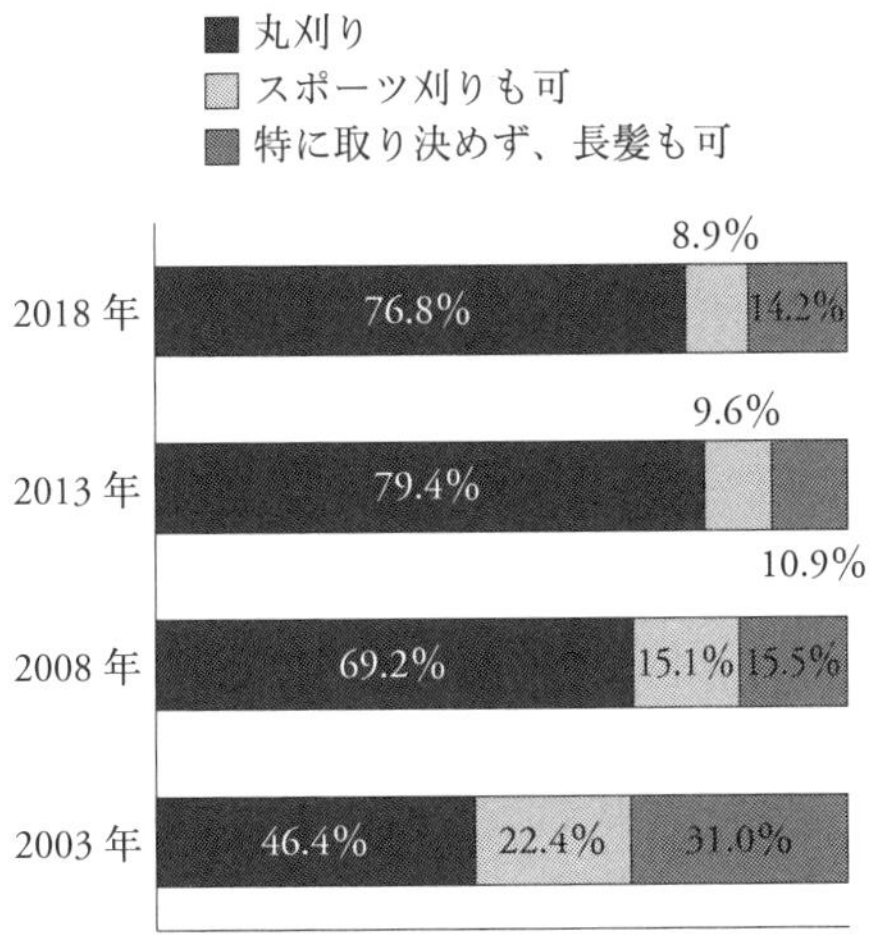

出典：『朝日新聞』2018年 6 月16日付、東京朝刊版

図11－1　高校野球部における丸刈りの割合

同じく朝日新聞社が、日本高校野球連盟と共同で実施した調査によると、連盟に加盟している高校のうち髪型を「丸刈り」としているのは、二〇〇三年が四六・四％であったのに対し、二〇一八年には七六・八％にまで増加している（図11－1）（『朝日新聞』二〇一八年六月一六日付）。丸刈り強要こそ「過去のこと」という印象が強いけれども、むしろ二〇〇三年と比べると息を吹き返していることがわかる。理不尽な校則は、けっして消滅していない。それどころか、強化あるいは拡張しているようである。

ハイ・モダニティとモダンの狭間で

旧態依然とも言える規則の強化を目の当たりにすると、気分が何とも暗くなってしまう。今日の学校教育をめぐる状況は、過去の遺物と、最新の社会変動との間に置かれている。

私は本書第2章「丸裸の先生が学校を変えていく」と第3章「組織に閉ざされる個々の声」にて、学校の働き方改革が、新しい社会状況において生起していることに言及した。

学校の働き方改革は、二〇一六年頃から部活動の負担軽減をきっかけにして、Twitter を舞台に盛り上がりを見せてきた。そのエッセンスとはすなわち、個々の教員としては部活動の負担軽減に賛同の思いをもっていても、それが学校で積極的に共有されることはなく、従来どおりの教育活動が継続される。「お金や時間に関係なく子どものために尽くす」という教員文化のもとでは、時間管理も残業代もない長時間労働であっても、それを公然と問題視することは難しい。だからこそ、学校を離れて Twitter という匿名空間で、個々の教員が苦悩の声をあげてきたのである。

そしてこうした動きを私は、一つのハイ・モダニティ（あるいはポストモダン）における現象として説明した。学校というモダンの中間集団の庇護／束縛を超えて、丸裸の個人がインターネット空間でゆるやかに連帯して、苦悩の声が広く拡散された。

これは裏を返すと、学校本体はいまも十分にモダンだということでもある。働き方改革は、ハイ・モダニティの環境下（Twitter）で個々の教員の声をとおして可視化されたけれども、従来のモダンの環境下（学校）では不可視化されてしまう。モダンな状況は、学校教育の日常の大部分を覆っている。

インターネットに関連していうと、ＩＣＴ教育の重要性が説かれて久しいものの、日本の学校空間は、ＩＣＴの後進地と表現せざるをえない。令和元年度の『文部科学白書』では、生徒対象の調査ならびに教員対象の調査の両方において、ＩＣＴの利用が進んでいないことが危惧されている。

ＰＩＳＡ（生徒の学習到達度調査）の名称で知られているＯＥＣＤ（経済協力開発機構）の調査では、高校一年生を対象に、読解力・数学的リテラシー・科学的リテラシーという三つの分野の習熟度にくわえて、ＩＣＴの活用状況などが調べられている。二〇一八年度調査（ＰＩＳＡは三年に一度実施）では、ＩＣＴの活用について日本の高校一年生は、学校の授業（国語、数学、理科）におけるデジタル機器の利用時間がＯＥＣＤ加盟三七か国のなかでもっとも短く、また「利用しない」と答えた生徒は約八割ともっとも多い結果となった。

ＯＥＣＤが教員を対象に実施しているＴＡＬＩＳ（国際教員指導環境調査）においても同様の結果が得られている。二〇一八年度の調査（ＴＡＬＩＳは五年に一度実施）では、教員が学校で生徒にＩＣＴを活用させている割合は二割を切っており、調査に参加した四八か国で最下位となった。

モダンにおける規律訓練型の校則

教育社会学者の山田浩之は、「情報革命は教育を大きく変えると言われ、さまざまな夢の教育が語られた。誰もが教育にも第三の波が押し寄せると信じていた。しかし、実際には教育にもたらされた変化は決して革新的なものではなかった。むしろ、教育の領域では根本的な変化は生じていないと言えるかもしれない[2]」と述べている。

コロナ禍にあっても、大学では同時双方向型のオンライン授業がくり広げられ、企業ではオンラインによる在宅ワークが進んだ。だが公立の小中高ではオンライン化の歩みは遅遅としていた。二〇二〇年六月二三日時点で全国の自治体を対象とした調査では、臨時休業期間中の学習指導について「同時双方向型オンライン指導」をおこなった自治体は、小学校で八%、中学校で一〇%、高校で四七%にとどまった。ハイ・モダニティの文脈で個々の教員がTwitterで声をあげたことで教員の働き方改革が進んできたけれども、学校本体はその手前のモダン段階で足踏みしている。

モダンの学校空間は、フーコー（M. Foucault）が描いた規律訓練型のパノプティコン（一望監視施設）に喩えられる[3]。パノプティコンにおいては、囚人は中央の監視塔から監視されつづける。囚人は、日常の細部に至るまで行動が規制され拘束される。厳格な校則とはまさに、監視塔にいる教師の力によって運用されている。生徒の服装や行動は教師による監視のもとで日々チェックされ、改善を迫られている。

そして監視されつづけた結果、囚人は監視塔からのまなざしを自分の内面に取り込むことになる。規律訓練型の世界では、自発的に服従する主体が、自身の行為を自ら律することで、身体が管理される。桎梏が「内面化」されるのだ。

福岡県の高校二年生を対象に実施された調査[4]によると、「学校で集団生活をおくる以上、校則を守るのは当然のことだ」という質問に対する回答は、二〇〇一年、二〇〇七年、二〇一三年の三時点で大きく変化している。全体（男子・女子）の傾向として、「そう思う」「どちらかといえばそう思う」という肯定的な傾向が、二〇一三年では八七・九％に達している（図11－2）。大多数の生徒が校則を守ることは当然と考えている。しかもそれは二〇〇一年の六八・三％から、約二〇％もの大幅な増加である。さらには「どちらかといえばそう思う」はほとんど変化がなく、より積極的な「そう思う」という回答が増えている。

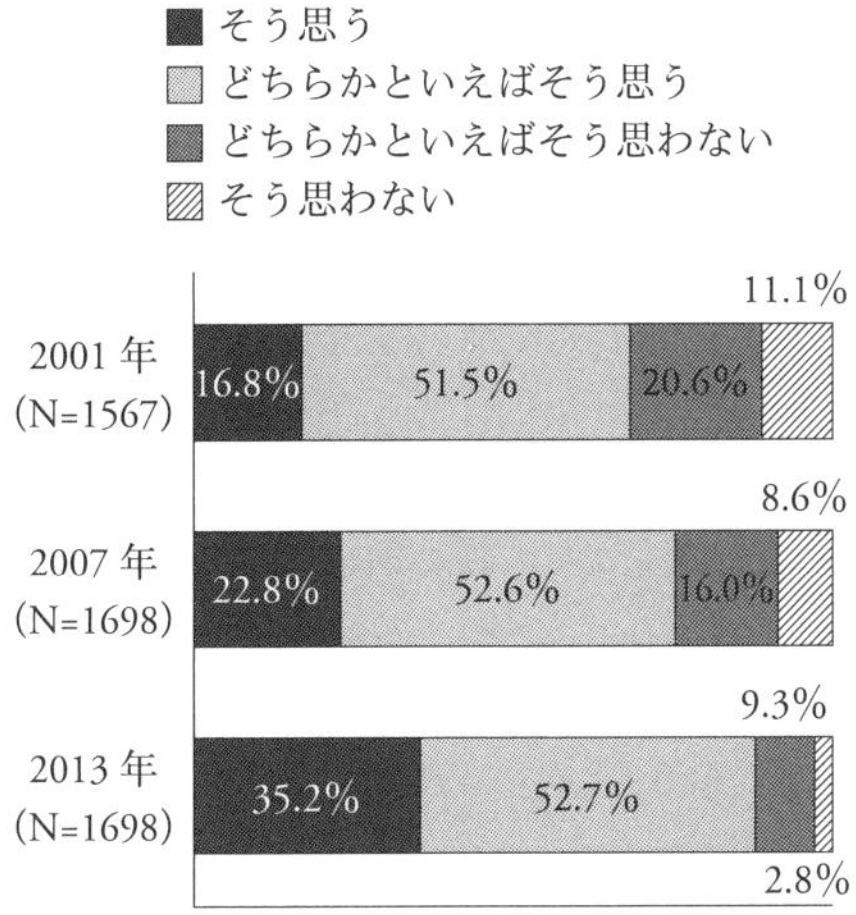

出典：文献4

図11－2　「校則を守るのは当然のことだ」に対する態度（高校生調査）

　この結果を踏まえて今日の中高生における校則への感受性を想像すると、複雑な思いになる。一般論としてルールの遵守は、大切なことだ。しかしながら、理不尽な校則が今日も通用している一方で、生徒らはそれらの校則を守るべきと考えているのだとすれば、危機はかなり根深いように思える。

12　コロナ禍が校則を動かした

壮大な社会実験

新型コロナウイルスの感染拡大は、私たちを非日常の世界に追い込むことで、私たちにさまざまな気づきを与えてきた。いままで「当たり前」のこととして見過ごしてきたことが、「なんでこんなことやってきたんだろう」と疑義が呈されている。

そのわかりやすい例が、業務のオンライン化だ。

私は愛知県に在住していて、コロナ禍以前は毎週のように、仕事関係で東京をはじめとして県外に出かけていた。コロナ禍によって、それらの業務のいくつかは中止となったが、多くがＺｏｏｍなどのオンライン会議システムに移行した。いざ、オンライン会議システムを用いて、プロジェクトの打ち合わせをしたり、イベントの講師として講演したりすると、十分なくらいに代替機能が果たされていると実感する。

打ち合わせに関しては、かつてはたとえば一時間ほどの意見交換のために、自宅から往復で計五時間ほどかけて東京に行っていた。都内に一時間だけの滞在では効率が悪いからと、東京での各種業務をなんとか調整して、一回の出張にまとめて詰め込むこともたびたびあった。オンライン化はこれらを不要にした。講演会に関しては、無料配信とすると全国から多くの方に参加してもらえるし、主催者は会場を予約したり会場料を支払ったりする必要もない。メリットは絶大である。打ち合わせにしてもイベントにしても、「なんでわざわざ現地にまで行っていたんだろう」という新たな気づきがコロナ禍で芽生えた。

不登校の子どもを支援するＮＰＯの関係者が、「コロナ禍になってはじめて、自分たちはなぜ事務所に毎日来ていたんだろう、という議論になった。学校には行かなかったのに、なぜか事務所には毎日足を運んできた」と、笑いながら教えてくれた（もちろん、この会話もオンライン会議システムを用いてのものだ）。学校に行かない経験をもってしても、ステイ・ホームで業務をおこなう発想にはたどり着かなかったようだ。

私たちはコロナ禍で、壮大な社会実験を強いられた。オンライン会議システムの活用も、やむなくそうせざるをえなかった。だがそれによって私たちは、従来の慣行が内包していた無駄や問題に気づくことができた。

マスクの自由化で風紀は乱れたか？

コロナ禍は、学校教育にも多くの非日常と新たな気づきをもたらした。「校則」も、その不合理さをコロナ禍が浮かび上がらせた。

日本ではコロナ禍初期の二〇二〇年二月頃から、マスク不足を伝える報道が見聞きされるようになった。そのなかにあって、登校の機会に、教師からマスクの色は白のみとの指示を受けたという嘆きが多く聞かれた。たとえば札幌市では分散登校時に白色以外の色や柄を注意する学校があったといい（『北海道新聞』二〇二〇年三月二五日付）、また佐賀市では「そのマスクってピンクじゃない？白はないの？」と、生徒が教師から注意を受けたという（共同通信、二〇二〇年四月二三日付）。そもそもマスクをはじめ、毛髪や靴下、シャツ、カバンなど、細かいところにまで学校の指定が及んでいること自体、問題視されなければならない。しかも当時、マスクの購入が困難な状況にあった。それにもかかわらず、感染症対策（安全の確保）よりも色指定（見た目に関する学校の規則）が優先されるとは、理解に苦しむ。

だがそれを、ただの「人権の侵害」「安全の軽視」で片付けてはならない。学校側はけっして、生徒の人権を踏みにじろうとしているわけでもなく、生徒を危険に晒してやろうと考えているわけでもない。白色以外のマスクを認めてしまえば、次第にさまざまな色を子どもが着用するようになり、華美になっていき、教室内は落ち着かなくなっていく。一言で表現すれば、「風紀が乱れる」ことを学校は懸念している。

これはマスクの色だけに限られない。学校は、生徒が着用したり所持したりするものについては、色や形状や種類を細かく決めている。ひとたび規制をゆるめてしまえば、「風紀が乱れる」ことにつながり、勉強にも集中できなくなり、最後には学校が荒れ放題になる。これでは生徒の不利益が増大する、という理屈である。

学校側の白色マスクへのこだわりは、外部の観察者からすれば、ただの理不尽な指導にも見える。だが学校の主張に耳を傾けるならば、そこには学校なりの考え方があり、学校なりの理屈で子どもを守ろうとしていることがわかる。学校にとっては真っ当な営為であるからこそ、外部からの批判があったとしてもそれは「現場のことを知らない人たちが、勝手に現場を非難している」と結論されてしまう。だから、校則は容易には変わらない。

コロナ禍以前は、マスクは白色限定が校則の基本であった。それがコロナ禍のマスク不足を受けて、ほとんどすべての学校でマスクはカラフルになった。マスクのなかでも黒色のマスクは威圧的だと評判がよくなかったが、今日では子どもはもちろんのこと、教師も黒マスクを着用していることがある。

ところが一方で、いくつかの学校は、マスクを再び白色のみに限定した。品薄状態は過ぎたからと、従来の「風紀」を取り戻そうというのだ。

この動きを私はとても残念に感じている。コロナ禍という大災害が、やむなく壮大な社会実験を仕掛けた。学校では、身につけるものは白色か紺色・黒色と決まっていたものが、少なくともマスクに関しては色の自由化がもたらされた。カラフルにすれば、「風紀が乱れる」。そう信じられてきたが、実際のところは、いつもと変わらぬ学校生活がつづいた。そうであるならば、わざわざ以前の状況に戻す必要はないと、私は考える。

私服がＯＫに

壮大な社会実験は、その他にもさまざまなルールを緩和させた。

冬の時期、防寒対策なしには生活できない。だが学校では、前章で言及したようにコートやマフラーなど防寒具の着用が禁止されていることも少なくない。

ある中学校の先生は、「教師は制服以外の服装を『余計なもの』とみなす感覚がある」と、私に教えてくれた。制服以外の余計なものは、華美な服装につながりやすく、それが風紀や秩序の乱れを生むという懸念である。なおその先生は、「寒い地域では生徒も防寒着を使っているはずだけど、北にいくほど学校が荒れるとは聞いたことがない」と付け加えてくれた。風紀の乱れというものは、杞憂《きゆう》のように思えてくる。

コートについては、通学時の着用は認められていても、教室内での着用が禁止されている例は全国的に多い。室内で防寒着を着用していることが「マナー違反」とみなされたり、そもそも制服以外のものを身に着けていることが「不要な装飾」とみなされたりする。

これが、コロナ禍で教室の換気が求められたことにより、状況が変わった。さすがに寒かろうと、教室内での防寒着の着用が認められるようになったのである。

文部科学省の「学校における新型コロナウイルス感染症に関する衛生管理マニュアル」（2020.12.3 Ver.5）においても、「室温低下による健康被害の防止」として、「児童生徒等に暖かい服装を心がけるよう指導し、学校内での保温・防寒目的の衣服の着用について柔軟に対応しましょう」と記されており、子どもの感覚を重視した提案がなされている。子どもの健康を考慮した意義のある提案だ。ただ正直な気持ちを吐露するならば、寒ければ暖かい格好にしましょうと、わざわざ国がマニュアルで示さざるをえない状況に、私は危機感をおぼえる。

「制服」（標準服）という、容易には変えがたいルールも、緩和された。

二〇二〇年六月に全国で学校が再開された際に、ウイルスが付着する可能性を考慮して、毎日洗濯することが難しい制服ではなく、ジャージや体操服、さらには私服での登校を認めた学校がある。私服登校がつづく岐阜県立加納高校では、「コロナ禍をきっかけに通学服を考えた体験は、生徒にとって大いに刺激となった」として、「当たり前だと思って着ていた制服を、自分で考え選んでいいという発想が新しかった」という生徒の声が報じられている（『岐阜新聞』二〇二〇年一一月二四日付）。

また、熱中症対策としても、制服以外の服装を推奨した学校もある。登下校時はもちろんのこと、エアコンが稼働していても教室は暑く、さらには換気により室温が下がりにくくなるため、できるだけ涼しくて過ごしやすい服装がよいとの判断があった。

しかしながら熱中症に限定していえば、熱中症対策として校則を緩和したケースでは、九月が過ぎたころには多くが元に戻った。校則の緩和は、猛暑という一時的な出来事への、一時的な対応にすぎなかった。

コロナ禍は、学校に根を張ってきた校則を、一時的に揺り動かすこととなった。風紀が乱れるからと抑制されてきた身なりや行動が、解除された。そして解除された結果、何も起きなかった。これが、壮大な社会実験の結果である。

乱れ＝多様性

新型コロナウイルスの感染拡大という甚大な災禍によって、校則が変わらざるをえなくなった。マスクがカラフルになり、教室でコートが着られるようになり、私服の学校生活まで誕生した。

学校は、風紀や秩序の「乱れ」をとても恐れている。コロナ禍で校則がゆるくなり、はたして子どもは乱れ、学校は荒れ放題となってしまっただろうか。私の目には、子どもの生活がカラフルに、そして多様になっただけのように見える。実際に現場からも、「マスクどころか服装を自由にしても、何も起きなかった」との声が、私の元に届いている。私たちが恐れていた子どもの「乱れ」とは、ただの「多様性」にすぎなかったのではないか。

厳格なルールにより「正しさ」（例：白色のマスク）が定義されるからこそ、同時にその裏返しとして「乱れ」（例：ピンク色のマスク）が定義される。ただの「多様性」だとすれば、「正しさ」も「乱れ」もなく、さまざまな個人が存在しているだけだ。

前章でもとりあげたように、頭髪指導において、生まれつきの髪の毛の色を証明する「地毛証明書」というものがある。もともと茶色がかった髪色の生徒が、黒髪強制の指導を受けないようにするためのものだ。これを廃止したり、あるいは頭髪指導そのものをやめたりすれば、きっと茶髪の生徒が増えることだろう。なかには、金髪にする生徒もいるかもしれない。三月の卒業式が終わってすぐに美容院に駆けつけて髪を染める高校生が多くいることを考えれば、高校生における染髪の需要は大きい。

また、メイクを容認すれば、多くの女子生徒はメイクして学校にやって来ることだろう。なかには、メイクする男子生徒もあらわれるかもしれない。

校則をゆるめれば、確実に茶髪の生徒は増えるし、メイクする生徒も増える。私が問いかけたいのは、はたしてそれは「乱れ」なのかということだ。それは「乱れ」ではなく、単に個性をもった生徒がそこにいるだけではないか。

唯一の「正しさ」を設けるから、「違反」が生じる。その「正しさ」の判断を生徒にゆだねて、多様性を尊重すればよい。校則の緩和とは、けっして市民社会の各種法令を一切無効にしようとするものではない。学校が固有に定めている細かくまた厳しいルールの緩和を求めているにすぎない。そしてもちろん、明らかなトラブルが起きたときに、私はそれを「多様性」と呼んで擁護したいのではない。トラブルには、外部の専門家を交えた個別対応が必要である。

「自由」が原則

憲法のもとではまずもって、個人は自由であることが原則である。そして、各種法律やルールとは、その社会に住まう人びとが多様性を尊重し、自由に生きていくために存在するものである。弁護士の真下麻里子は、「現在の学校現場では、法的に明確な根拠のないまま、子どもたちの基本的人権を校則によって制約している（略）憲法上保障された子どもの権利を不明確な根拠に基づいて制約することには強い違和感を覚える」としている[1]。

今日、校則は子どもの自由を保障するよりは、むしろ生徒を圧倒的に不自由にしているように見える。コロナ禍で校則を緩和して何もトラブルが起きなかったにもかかわらず、それでも元どおりにする、すなわち不自由にするのだとすれば、もはやそこには不自由にすること自体に目的があると言わざるをえない。

二〇二一年一月に私は、高校教員の西村祐二（仮名：斉藤ひでみ）氏とともに「#学校ゆるくていいじゃん」というハッシュタグを付して校則問題を訴えた。私自身は、コロナ禍における校則緩和の結果を受けて、「このままゆるくてよいですよね」と気楽に賛同を集めるつもりで、ハッシュタグをツイートに付した。ところが、反応は賛否真っ二つで、とりわけ教育現場からは多くの抵抗感が示された。このことは厳しい校則が、学校に根を張っていることの証左として受け止められる。

　このハッシュタグについて、西村氏や私とともに「みんなの学校安心プロジェクト」として活動をつづけている弁護士の嶋﨑量《ちから》氏が、一月末のオンライン・イベントでとても興味深い主張をしている。「私からすると、『#学校ゆるくていいじゃん』というハッシュタグは出てこない。なぜ出てこないかというと、原則自由なのが当たり前で、ゆるいのが当たり前。縛るほうがむしろ説明をしてくださいという発想です」（二〇二一年一月三一日のオンライン・イベント「決定版『令和の校則』――#学校ゆるくていいじゃんの先へ」）。

　壮大な社会実験を経て、校則の緩和は、何事も引き起こさなかった。そうであるならば、再び生徒を拘束して不自由にする理由は成り立たないはずだ。社会学の創始者として知られるデュルケームは、『道徳教育論』[2]のなかで学校の規則に言及し、細かい規則は、その無用さがかえって規則自体の権威を貶め、また子どもから自発性を奪うと危惧した。子どもにもう少しだけ、「選ぶ」機会と「考える」機会があってもよいのではないだろうか。子どもをもう少しだけ、「信じる」ことがあってもよいのではないだろうか。

　先の「みんなの学校安心プロジェクト」主催のオンライン・イベントでは、申し込みが一二一〇

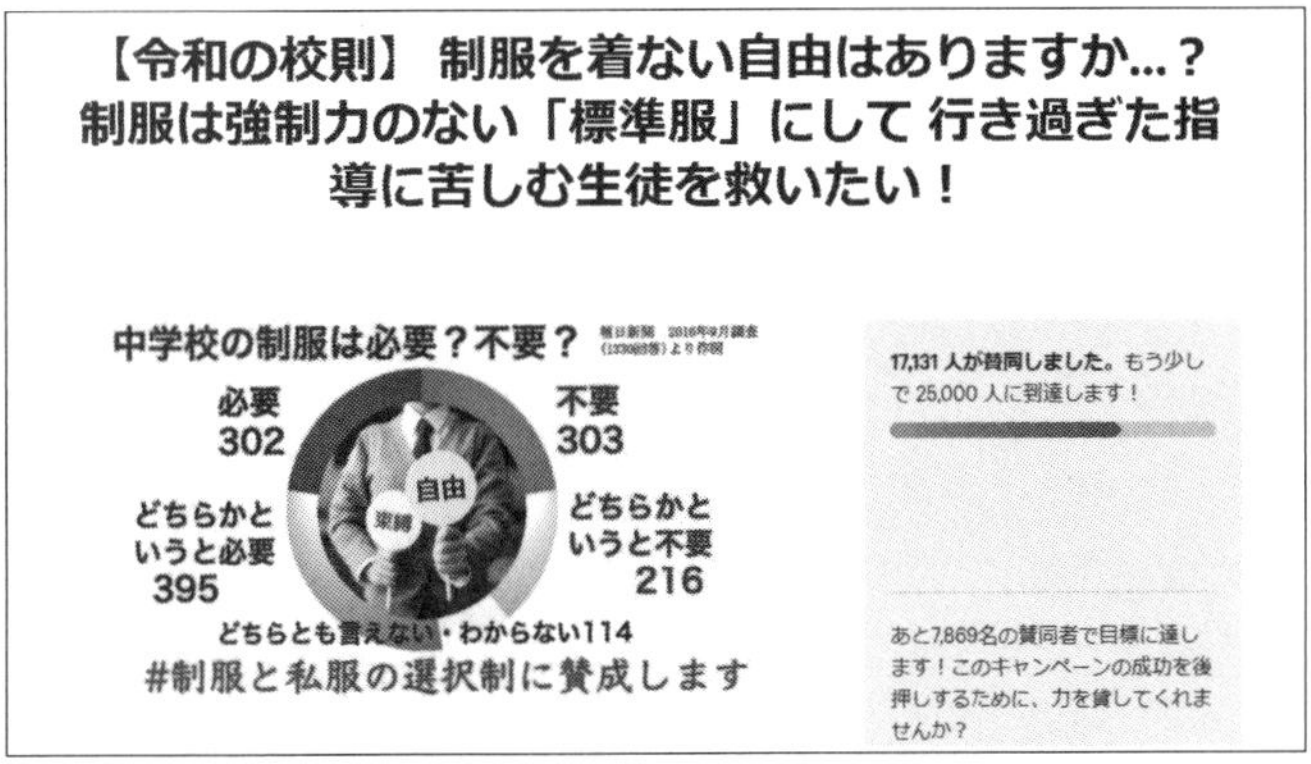

図12－１　高校教諭の斉藤ひでみ氏が2021年１月30日に開始したネット署名

件にのぼり、当日はＺｏｏｍに八一八名（一五分以上の滞在者数）、YouTubeに九六名（最大視聴者数）と計九一四名の参加を記録した。西村氏が二〇二一年一月三〇日に開始した、制服と私服の選択制を求めるネット署名（https://www.change.org/ reiwanokousoku）は、開始から一週間で一万五〇〇〇筆を超える賛同を得た（図12－1）。

　機運は確実に高まっている。新型コロナウイルスという甚大な災禍が、大きな岩を動かした。あとはこの岩を、みんなで動かしつづけることだ。元に戻るわけにはいかない。

13 私生活への越権的な介入

「学校依存社会」を読み解く

私生活に学校が介入する

二〇二一年二月に、堀越高校の元生徒の女性が、同校を運営する「堀越学園」を相手に、約三七〇万円の損害賠償を求める訴訟を東京地裁に起こしたことがわかった。報道によると、堀越高の校則には、「特定の男女間の交際は、生徒の本分と照らし合わせ、禁止する」と定められており、女子生徒はこれに違反した。これにより女子生徒は自主退学を勧告され、他の高校に編入する結果となった。女子生徒側は、校則は「不合理な規定で無効だ」と主張している。また教師から「キスはしたのか」「性交渉はしたのか」など執拗に問い詰められて「プライバシーの侵害で多大な精神的苦痛を受けた」という（共同通信、Abema Times）。

論点は二つある。一つは、男女交際禁止の校則そのものの違法性である。もう一つは、違反時の自主退学という処分の違法性である。「男女交際禁止の校則は理不尽だし、退学なんてありえない」と直感する読者は多いと思うが、これまで校則関連の裁判では、原告（生徒側）に不利な判決がつづいている。

個別の事案としてこの訴訟にどのような判決がくだされるかとは別に、私なりの観点からここで注目したいのは、学校側が生徒の私生活に介入することの是非である。男女交際禁止と聞いて、「高校生なんだからそれぐらい容認すべき」と考える人は多いだろう。私個人もそのように考えるけれども、それ以上に気がかりなのは、学校外の生活を管理しようとすることの不思議さである。

堀越高校の事案では、女子生徒と同級生の男子生徒の交際を、他の生徒からの告発で学校が把握することになったという。校則で禁じられているので、校内で堂々と交際していたとは考えにくい。校内はともかくも、交際禁止は学校外での過ごし方を制約する。

学校外の行動規制の観点から各校の校則を検討すると、友人宅への外泊禁止や、帰宅途中の買物禁止など、いくつかの行動規制が存在することに気づかされる。帰宅途中はまだ学校が関与しようとするのもわからなくはないが、土日や長期休暇時に何をしようと子どもや保護者の勝手ではないか。

じつは、本書でも取り上げている「部活動」も、私生活への介入とみることができる。部活動は学習指導要領では「生徒の自主的、自発的な参加により行われる」ものと定められている。専門的には「教育課程外」の活動と表現でき、生徒はそれをやってもやらなくてもよい。授業の場合にはそれを休むと「欠席」扱いされて、通知表にもその日数が記載される。部活動は休んでも公式の記録には残らない。授業と比較すると、部活動の性格ははっきりする。

ところが、第3章においても言及したように、中学校の三一・八%が、生徒に部活動への加入を強制している。三割にとどまっている点では部活動の強制は少数派と言えるけれども、ここで問題なのは、自主的なものが強制されている点である。自主的な活動であるからには、すべての学校において強制参加は「〇《ゼロ》%」のはずだが、現実にはそうなっていない。

学校は、子どもの私的で自主的な過ごし方が保障されるはずの放課後や家庭の時間に、じつに堂々と介入している。学校はなぜ、これほどまでに子どもの私生活の領域に、越権的に介入できてしまうのか。

「四時禁」という行動規制

「四時禁」という校則をご存知だろうか。

「四時禁」とは「四時まで外出禁止」の略称で、校内の研究授業時や定期試験期間中に、学校がいつもより早く終わって子どもが帰宅した際に、午後四時までは家から出てはならないという規則である。岐阜県の塾経営者がこの話題の火付け役となった。

「四時禁」は中学校のルールで、岐阜県内の公立中学校一七四校への電話調査の結果、一一一校から回答がありうち七割にあたる八〇校で導入されていたという。罰則が科されるケースもあり、反省文を提出させられたり、学校に連れ戻されたりするようだ（詳細は、「岐阜県の教育を考える会」による Change.org におけるネット署名「小中学生が平日の昼間に外出できるように、〃4時禁ルール〃の廃止を求めます。」を参照）。

なお小学校の場合、一時間繰り上がって「三時禁」となることもある。さらに小学校では、夏休みなど長期休暇の際に、午前一〇時まで外出を禁止する「一〇時禁」もある。「●時禁」という名称が全国的にどこまで共有されているかはわからないものの、時間指定して外出を規制する校則は、岐阜県以外の地域にも存在している。

あくまでもこれは、家庭のルールではない。学校のルールである。学校側が、自校の子どもが何時まで家のなかにいるべきかを、ときに罰則付きで、指定している。

学校の門を出てしまえば、子どもがどのような行動をとろうと自由である。まして帰宅後ともなれば、そこでの行動を制約する権限は、学校にはないはずだ。それにもかかわらず、自宅待機を命じられ、違反すれば反省文を書かされることさえあるとは、理不尽の極みのように思える。

教育行政学者の浦野東洋《とよ》一《かず》(1)は、二〇〇七年に発表した「登下校時の児童の安全確保の責任構造に関する一考察」という論考のなかで、学校外にある通学路に関して、その安全管理を担うべき責任主体を検討している。

当時は、二〇〇五年一一月に広島市で、翌一二月に栃木県今市市（現・日光市）で小学一年女児が相次いで連れ去られて殺害されるという痛ましい事件が発生し、文部科学省からは一二月六日に「登下校時における幼児児童生徒の安全確保について」という通知が発出されて、通学路の安全点検の徹底や登下校時における子どもの安全管理の徹底が指示されていた。

通知に記されているさまざまな対応策について、浦野は「それらを全部実施することは、学校（教職員）に膨大な負担を課すことになり、事実上不可能」であり、そもそも「責任構造論がなにも書かれていない」と指摘する。

校門の外の管理責任

通学路の安全管理については、日本スポーツ振興センターの災害共済給付制度が規定を設けている。災害共済給付制度とは、学校の活動において負傷・疾病が生じた場合に、その医療費が給付される制度で、全国の小中高に在籍する子どものほとんどが加入している。

災害共済給付制度が対象とする「学校の管理下」とは、授業や学校行事、さらには部活動などにくわえて、「児童生徒等が通常の経路及び方法により通学する場合」（独立行政法人日本スポーツ振興センター法施行令第五条）を含む。学校内で教師が直接にかかわりをもって展開される活動だけでなく、登下校もまた「学校の管理下」である。登下校中に転倒したり、交通事故に遭ったりした際には、医療費が支給される。二〇一九年度の場合、小学校では二万五六九五件、中学校では一万四八〇件、高校では一万三八八一件の事案に医療費が支払われている。

学校では登下校中を含め多くの負傷・疾病事案が起きるため、災害共済給付制度については、教師であればだれもが知っている。そしてこの制度ゆえに、「登下校は学校の管理下である」との認識を、多くの教師が有している。

だがそれは、災害共済給付という法制度の規定であることに留意せねばならない。浦野は、「『共済』は『社会保険』の一種であり、『学校の管理下において生じたもの』とみなすという規定は、社会保険の制度技術的な、実務的規定であり、安全確保の責任の所在を示す法規定ではないと考えられる」と指摘する。登下校時の「『安全確保の責任』は保護者にある」もので、「教職員には、緊急時を除けば『安全確保の責任』はない。教職員の責任は、通学マップの作成と通学指導に限られる」と、浦野は整理している。

学校保健安全法の第二七条には、「学校安全計画の策定等」として、「学校においては、児童生徒等の安全の確保を図るため、当該学校の施設及び設備の安全点検、児童生徒等に対する通学を含めた学校生活その他の日常生活における安全に関する指導、職員の研修その他学校における安全に関する事項について計画を策定し、これを実施しなければならない」と定められている。学校は、通学路を含めて学校の安全計画を策定する必要はある。だが、日常的に通学路の安全確保の責任を負うものではない。

新型コロナウイルスの感染拡大で、二〇二〇年三月から五月にかけて学校が全国的に一斉休業となった際、学校の教師は街のなかを歩いていた。カラオケ店や公園、フードコートなど、子どもが集まりそうな場所をパトロールしていた。

この活動は、まだ理解できるかもしれない。勤務時間内に学区の状況を見回っていると理解すれば、成り立ちうる話のような気もする。しかし思い起こしてみると、夏休み期間中のお祭りのときも、夜間であるにもかかわらず、教師はパトロールに出回っている。夜間であれば、定時の勤務時間は優に超えているはずである。

公立校の教師は「公立の義務教育諸学校等の教育職員の給与等に関する特別措置法」（いわゆる「給特法」）により、基本的に時間外労働には従事していないことになっている。現実にはたしかに働いているのだが、法的に厳密に整理すると、それは職務命令にもとづかない自発的な業務にすぎない。その観点から極論すると、夏祭りでは私人（教師）が私人（子ども）を取り締まり、そこで指導がおこなわれていて、その指導に一定の効力が生じうるのだから、じつに奇妙な光景である。

前記の法的な整理は、何か新しく施行された内容を確認したわけではない。従来からあるはずの原理原則を確認したにすぎない。子どもが学校の門を出れば、それは保護者に子どもを返したことになる。ましてや土日や長期休暇中ともなれば、学校の権限はまったく及ばず、保護者の管理責任が問われる。ところが、そうなっていないのだ。学校こそが越権的に私生活領域の子どもの行動を取り締まることが常態化しており、それを保護者や地域住民も当然のこととみなしている。

学校依存社会――なぜ越権行為がまかり通るのか

子どもの私生活に学校が介入している点では、ここまであげてきた学校外の子どもの行動規制（四時禁、夏祭り中の指導、男女交際禁止、友人宅への外泊禁止、帰宅途中の買物禁止、部活動強制など）は、ただの理不尽な指導にしか思えない。だが、その規制が適用される背景を掘り下げていくと、そこには「学校による理不尽な指導」とはまったく別の世界が見えてくる。

話題を再び「四時禁」に戻して、越権行為の背景に迫ろう。明らかな越権行為を、なぜ学校がおこなってしまうのか。私が学校関係者に話を聴いていくなかで、私たち第三者には見えない学校の姿が浮かび上がってきた。

学校の授業が早く終わり、生徒は昼には校門を出る。そのまま友だちとフードコートに向かい、昼食をとり長時間にわたっておしゃべりしたり、勉強をしたりする。それを見た店員や地域住民が、学校に苦情の電話をかけてくる。そして、教師がフードコートまで足を運んでお詫びをする。校門を出た時点で生徒は保護者に返されたはずなのだが、謝りに行くのは教師である。そこに保護者の姿はない。ここに「四時禁」が誕生する。

週末に生徒が、道路のガードレールに落書きをした。それを教師が消しに行く。友人宅での外泊時に友人間のトラブルが起きた。教師がその解決に時間を割く。こんなことがつづけば、一律に生徒の行動を規制したくもなる。

社会科学の領域には、「学校化社会」という言葉がある。かつて一九七一年にイヴァン・イリイチは、『脱学校の社会』[2]という著書で、学校的な価値が制度に組み込まれた社会（例：学校を卒業すれば一人前とみなされる社会）を「学校化社会」と呼び、学校制度にしばられない教育のあり方を展望した。また宮台真司は一九九八年に、藤井誠二との共著『学校的日常を生きぬけ』[3]において、偏差値重視の学校的価値が社会の隅々にまで浸透した「学校化社会」を、批判的に考察した。スコット・デービスとネイル・グッピーは『学校化社会』と銘打たれた著書[4]において、カナダで過去一〇〇年の間に学校教育が社会生活の中心に位置づくようになった状況を「学校化社会」と呼び、もはやイリイチの「脱学校」などだれも求めなくなり、イリイチの悪夢が現実化したと論じた。いずれも、学校の制度や価値観が、社会で支配的な位置を占めていることに対する危機感を表明している。

「学校化社会」とは、学校が影響を与える側で、学校外の市民（保護者、地域住民）はその影響を受ける側である。しかしここまで見てきたように、今日学校を取り巻く状況からは、学校的価値の維持・強化には、「学校→市民」のベクトルだけではなく、「市民→学校」のベクトルも強い。学校側による越権行為は、一方でそれを支持したりそこに期待したりする市民側の依存体質とともに成り立っている。市民が学校化して学校の内と外が同じ価値観を共有したときに、「学校→市民」と「市民→学校」の両側面から学校的価値が維持・強化されていく。

「学校化社会」に類する用語に「教育万能主義」がある。これは、二〇〇〇年代前後の「キレる少年」の議論から生まれた語で、学校や家庭が子どもを「教育できる」（＝管理できる、コントロールできる）という暗黙の理解の拡がりを問題視する。広田照幸は『教育には何ができないか』[5]と題する著書のなかで、当時話題となっていた青少年の犯罪について、それを学校や家庭による意図的なコントロールの失敗とみなす姿勢に着目する。そこで「すべては教育（の失敗）によって生み出される、それゆえ、すべての問題は教育（の成功）によって解決しうる」（同書二一九頁）という考え方を「教育万能主義」とよんだ。ここでいう「教育」は、学校教育と家庭教育の両者を指す。「教育万能主義」に対する批判の矢は、学校や保護者が子どもの成育過程を全面的にコントロールできる（よって、青少年の犯罪はそのコントロールの失敗に起因する）という「暗黙のコンセンサス」により、学校と家庭への帰責が増大していくことに向けられている。

「学校依存社会」とは、「学校化社会」のなかで学校と保護者や地域住民が同じ価値を共有しながら、とりわけ学校に対して保護者や地域住民が暗黙のうちに多大な教育期待を寄せる「教育万能主義」（より限定的に「学校万能主義」と表現できる）が発動した状態である。学校による生徒の私生活への越権的な介入は、学校依存社会のメンタリティによって支えられている。

第V部

家庭は安全か

14　コロナ禍における子ども虐待の「消える化」現象

二〇二〇年に子どもの自殺が急増

子どもの自殺の現況が、かなり深刻だ。コロナ禍がどこまで関連しているかは、個別かつ慎重に判断する必要があるものの、厚生労働省と警察庁の統計「令和二年中における自殺の状況」に示された、二〇二〇年における子どもの自殺者数は、大きな衝撃をもって報じられた。

表14－1に示したとおり、コロナ禍の一年となった二〇二〇年は、小学生・中学生・高校生の自殺が昨年の三九九人から四九九人へと、一・二五倍の一〇〇人増となった。増加傾向にあるここ五年のなかでも極端な増加であり、かつて二〇一〇年から二〇一一年に二八七人から三五三人へと一・二三倍の六六人増となったときよりも大きな増加幅である。

自殺の原因・動機が特定できたとされるケース（原因・動機が複数ある場合も含む）でその内訳を見てみると、図14－1のとおり、「学校問題」が四〇・四％ともっとも多い。「いじめ自殺」の報道からもうかがい知れるように、学校生活に起因する子どもの苦悩は深い。

一方で、「家庭問題」が二二・四％に達することにも注目しなければならない。高校生よりも小中学生でその傾向がやや強く、全体に占める家庭問題の割合は、小中学生で三二・六％、高校生で一八・三％である。子どもの自殺の原因として、家庭での問題が関係していると考えられるケース

表14－1　小中高生の自殺者数と対前年比

年	2010	2011	2012	2013	2014	2015	2016	2017	2018	2019	2020
小学生	7	13	8	8	18	6	12	11	7	8	14
中学生	76	71	78	98	99	102	93	108	124	112	146
高校生	204	269	250	214	213	241	215	238	238	279	339
計	287	353	336	320	330	349	320	357	369	399	499
対前年比	0.94	1.23	0.95	0.95	1.03	1.06	0.92	1.12	1.03	1.08	1.25

出典：厚生労働省の資料をもとに筆者が作成

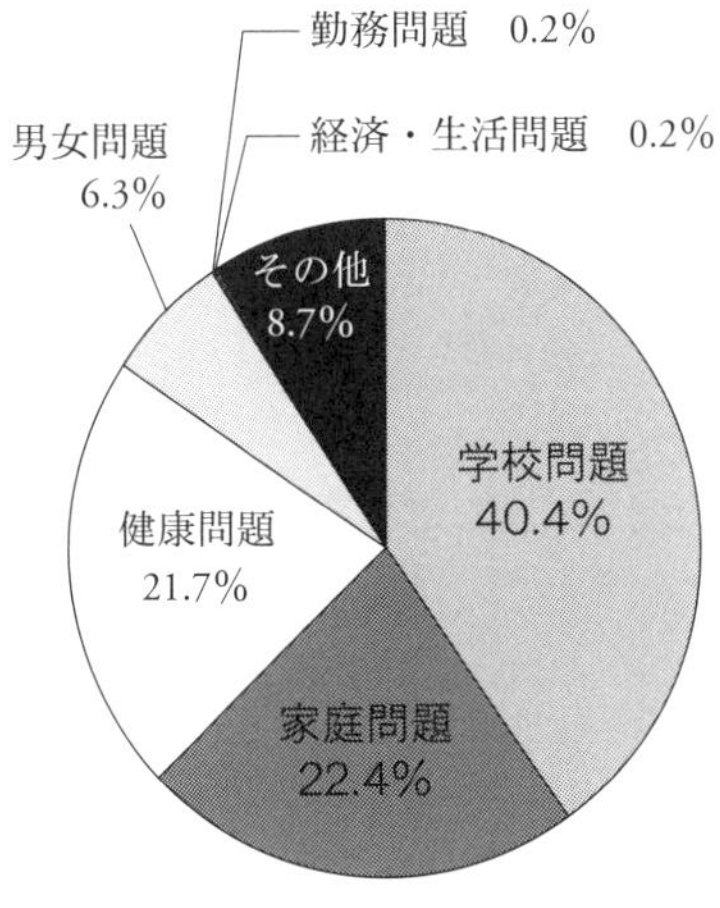

出典：厚生労働省・警察庁の資料をもとに筆者が作成

図14－1　小中高生の自殺の理由

も少なくない。

本書では、学校の問題に軸足を置いてきたが、この章では家庭の問題から、コロナ禍の二〇二〇年を振り返りたい。

コロナ禍において、大人の側は二〇二〇年四月における全国の緊急事態宣言の前後にようやくステイ・ホームの動きが本格化した。だが、子どもは同年二月二七日の安倍晋三首相（当時）による突然の全国一斉休業により、三月の初旬から長期のステイ・ホームが始まった。全国的に六月には学校は再開されたが、それでもそもそも外出自体が自粛されるという状況が一年以上つづいていた。単純に考えても、子どもたちが家庭外よりも家庭内でより多くの時間を過ごせば、それだけ子どもの生活における家庭の影響の比重が増すことになる。

二〇一九年五月上旬にNHKは全国の中学生を対象に、いじめと不登校に関する調査をLINEリサーチにより実施した。私は当初から共同研究として調査の設計から実施・分析にかかわっており、その個票データをもとに、独自に分析をおこなった。すると、「家の中に居場所がないと感じるときがありましたか？」という質問への回答では、「とてもよく感じていた」が五・一%、「よく感じていた」が五・八%であった。約一割の中学生は、家が居場所となっていない。親からの暴力やネグレクトにより子どもの生活が脅かされる家庭もあれば、どこよりも安全・安心に暮らせる家庭もある。家庭と言うだけで、安全・安心が確保されるわけではない。

国連の警鐘――虐待の懸念

子どもたちが家庭で過ごす時間が増えたときに、子どもへの虐待のリスクが高まる。

国連が二〇二〇年四月一五日に発表した報告書「新型コロナウイルス感染症が子どもに与える影響」[1]は、「多くの子どもにとって家庭とは安全と安心の源を象徴するものである。だが悲劇的なことに、一部の子どもにとっては正反対というのが事実」であり、「一家が自宅に閉じ込められ、激しいストレスと不安を経験しているときに、暴力行為が起こりやすくなる」と、家庭にとどまることがもつリスクについて、警鐘を鳴らしている。

「児童虐待の防止等に関する法律」の第二条に記されているとおり、「児童虐待」とは保護者（実際に子どもを監護する者）がその監護する子どもに対しておこなう暴行等の行為を指す。殴る・蹴るなどの「身体的虐待」にくわえて、食事を与えないなど養育や保護を怠る「ネグレクト」、性的な行為に及んだりポルノグラフィの被写体にしたりするなどの「性的虐待」、言葉による脅しや無視、さらには子どもの目前で家族に対して暴力を振るうなどの「心理的虐待」から成る。

二〇二〇年の一回目の緊急事態宣言のもと、五月に厚生労働省は、一月から三月にかけて児童相談所が対応した虐待相談の件数（速報値）を都道府県別で公表した（毎月の件数については、自治体によって集計のプロセスが異なるため、特定月の件数のみを単純に相互比較することには注意が必要であるが、全国的なトレンドをつかむことは可能である）。これまでも毎年、厚生労働省は都道府県別の件数を発表してきたが、それは一年分まとめての数値であった。新型コロナウイルスの感染拡大にともなう外出自粛により、保護者や子どもが家庭でいっしょに過ごす時間が増えたことを受けて、特別に月単位の件数が発表された。

当時の全国紙の報道を見てみると、「児童虐待一～二割増　休校・収入減影響か　一～三月」（『朝日新聞』東京版朝刊、二〇二〇年五月一二日付）、「児童虐待一～二割増加　厚労省、コロナ影響調査」（『産経新聞』東京版朝刊、二〇二〇年五月一三日付）といった見出しが並ぶ。

また、六月に入って今度は一～四月の件数が公表された際にも、「児童虐待　一～四月一二％増　児相対応　自粛ストレス影響か　前年比」（『読売新聞』東京版朝刊、二〇二〇年六月一七日付）と報じられた。この記事では、見出しに「自粛ストレス」という言葉が入れられて、本文では「一～四月の対応件数が前年同期比二割増となった群馬県では、自宅で過ごす時間が増えたことによる心理的負担などから『子どもをたたいてしまった』という相談、通報も寄せられたという。県の担当者は『コロナ疲れで追い詰められた保護者もいる』と指摘する」と記されている。外出自粛による「コロナ疲れ」が、保護者に心的負荷を与えているという解釈である。

虐待件数の読み方

いずれも新聞の見出しからは、新型コロナウイルス感染症の影響により自宅生活がつづくことで、子どもへの虐待が増えているという大意が読み取れる。記事の本文を読むと、数値を単純に解釈することへの留意が示されていることもあるが、基本的には件数の増加をもって虐待の増加が懸念されている。

ところで児童相談所における虐待相談の対応件数は、厚生労働省（当時、厚生省）が一九九〇年にその数値を公表して以来、増加の一途をたどってきた。一九九〇年度の一一〇一件からその後一度も減少することなく増えつづけ、二〇一九年度には一九万三七八〇件と三〇年間で一七六倍に達した。

第8章で述べたように、オーストラリアの中高生向けの学習用テキストにおいてウィルソン(2)（J. Wilson）が指摘するとおり、子どもへの虐待がこうして問題視されるようになってきたのは、「私たちが子どもを認識する仕方が違ってきたから」であり、「私たちは子どもの発達期における保護と援助をすべての幼い子どもたちの権利として認めるようになった」からである。さらにアメリカの社会学者フィンケラー（D. Finkelhor）の言葉(3)を借りれば、「虐待の数が最小になり、人びとがそれらは頻繁には起こらないと信じるようになったその歴史的な文脈において、虐待が社会問題として登場する。今日では、虐待はすべての人びとの間でかなり頻繁に起きている、と理解されている」。すなわち、子どもの人権を大切にし、子どもを暴力的に取り扱ったり放置したりすることが当たり前ではなくなってきたからこそ、かえってそれらが問題視されるのである。

虐待相談の対応件数は「過去最多」だが、それはけっして「過去最悪」ではない。子どもの福祉や権利への関心が高まることで、それまでは問題視されなかった子どもに対する扱いが、不適切な扱いとしてとりあげられ、子ども虐待の「見える化」が進んできた。虐待相談の対応件数は、子どもの虐待に対する社会的まなざしの敏感さを示す一つの代理指標とみなすことができる。

コロナ禍で虐待件数は減少した

二〇二〇年五月に毎月の虐待対応件数（速報値）が公表されてから、厚生労働省では何度か情報がアップデートされて、二〇二一年五月末までの時点で、二〇一九年一月から二〇二一年一月までの計一三か月分が公開されてきた。

一九九〇年度以降、対応件数が一貫して増えていることをふまえて、ここで一九九〇年度以降における増加率（対前年度）を算出し、表14－2に一覧で示した。表からわかるとおり、先ほどの新聞記事の見出しにある一月から三月の「一～二割増」や、一月から四月までの「一二％増」はけっして大きい増加率とは言えなくなる。二〇一九年から二〇二〇年にかけては、六・三％の増加にとどまっている。二〇一〇年度以降では二〇一一年度と並んでもっとも低い増加率である。二〇一七年度から二〇一八年度にかけては一九・五％、二〇一八年度から二〇一九年度にかけては二一・二％と高い増加率が記録されていることからも、ここ一〇年ほどの傾向からすると、コロナ禍での対

表14－2　児童相談所における児童虐待相談対応件数の推移

【①厚生労働省「福祉行政報告例」】

年度（4月～翌年3月）	1990	1991	1992	1993	1994	1995	1996	1997	1998	1999
対応件数	1,101	1,171	1,372	1,611	1,961	2,722	4,102	5,352	6,932	11,631
増加率（対前年度）	―	6.4%	17.2%	17.4%	21.7%	38.8%	50.7%	30.5%	29.5%	67.8%

	2000	2001	2002	2003	2004	2005	2006	2007	2008	2009
	17,725	23,274	23,738	26,569	33,408	34,472	37,323	40,639	42,664	44,211
	52.4%	31.3%	2.0%	11.9%	25.7%	3.2%	8.3%	8.9%	5.0%	3.6%

	2010	2011	2012	2013	2014	2015	2016	2017	2018	2019
	56,384	59,919	66,701	73,802	88,931	103,286	122,575	133,778	159,838	193,780
	27.5%	6.3%	11.3%	10.6%	20.5%	16.1%	18.7%	9.1%	19.5%	21.2%

【②厚生労働省による緊急の公表】

年（1月～12月）	2019	2020
対応件数	186,717	198,566
増加率（対前年）	―	6.3%

出典：厚生労働省の資料をもとに筆者が作成

応件数の増加率はむしろ鈍っていると結論できる。

しかも図14－2に示したように、各月の変化を一年前の同じ月と比較してみると、一月から三月までと、四月以降の変化が対照的であることに気づく。たとえば二〇二〇年一月は、前年一月に比べて二一・〇％増加しているように、一月から三月は近年と変わらぬ勢いで増加傾向が確認できる。それが四月に入ると前年同月の九・〇％増にとどまり、五月には件数は昨年よりも少なくなり〇・八％減に転じている。六月に一度一二・一％増となるが、七月には再び少なくなり三・六％減である。八月以降も、一月から三月に比べると増加率はとても低い。

そもそも新聞の見出しにあった「一～二割増」とは、二〇二〇年一月から三月、すなわちステイ・ホームが拡がる前の数値である。記事からは、新型コロナウイルス感染症が対応件数増加の促進要因であるとの大意が読み取れるが、むしろ全国が緊急事態

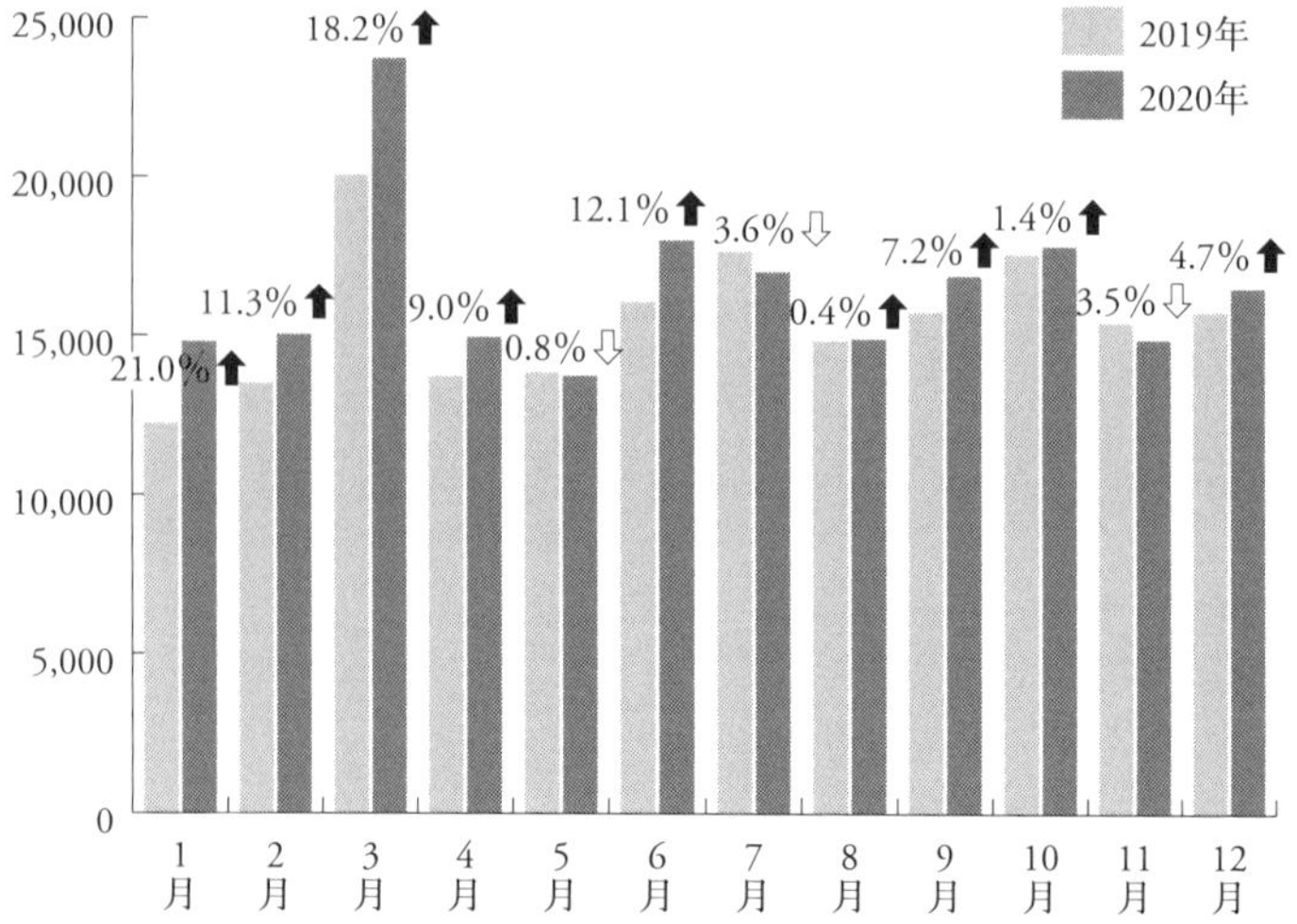

出典：厚生労働省の資料をもとに筆者が作成

図14－２　2019年と2020年における児童虐待相談対応件数ならびに対前年同月比

宣言下に入っていた四月と五月には、増加率は鈍化している。

この鈍化が何によるものなのかについては、今後のより具体的な各種内訳の公表が望まれる。現時点で言えることは、緊急事態宣言により多くの人たちが外出を自粛した期間に、子ども虐待は見えなくなったということだ。

虐待に対する社会的まなざしが研ぎ澄まされ、児童相談所をはじめ公的機関の相談受け入れ体制が整えられるなか、対応件数は増加しつづけてきた。そこから推察すると、たとえば、子どもの姿が家族以外のまなざしに触れにくくなったことで、虐待が第三者に見えにくくなってしまったか。あるいは（仮にだれか個人の目には留まったとしても）対応件数としてカウントされるまでの各種経路（学校、保育所、警察、市町村窓口など）の動きが鈍くなったか。

対応件数増加率の鈍化は、学校をはじめとする関係機関が虐待発見にかかわっていることの重要性を浮き彫りにしたように、私には思える。私たちが怖れなければならないのは、「コロナのせいで虐待が増えている」というわかりやすい物語に安易に乗ることで、現実に起きているかもしれない虐待の「消える化」を看過してしまうことである。

先に紹介した国連の報告書は、虐待の消える化までを見据えて、このように警告している――「悲劇的なことに、ロックダウンは、虐待者が子どもに危害を加える機会をも提供する。子どもはそのような残酷な行為を報告する立場には、めったになりえない。しかもその必要性が高まっている現在において、子どもはもはや家庭での出来事を教師に報告するための手段を失っており、ソーシャルワークや法的及び保護サービスも停止または縮小されている」。

ステイ・ホームにより家庭内で過ごす時間が多くなり、実際のところは子どもへの虐待のリスクが高まっていることが危惧される。一方で、公的機関をはじめとする第三者が虐待に気づきにくくなっている。ホームは時に危険で、学校こそが救いの場となることがある。

15　減少する子ども虐待、増大する危機

ステイ・ホームのリスク

二〇二〇年三月、新型コロナウイルスの感染拡大を抑止するために、日本の学校は全国的に一斉休業に入った。日本社会全体の危機感はまだとても小さかったものの、当時の安倍晋三首相が二月二七日の夕刻に一斉休業の要請を突如表明し、三月二日から春休みまで学校は急きょ、休業状態を迎えることとなった。

突然の休業とあって、学校は大混乱に陥った。それと同時に急ぎの対応を迫られたのが、家庭であった。動画メディア「mama ＋（ママタス）」が、子どもをもつ女性を対象に三月一日と二日に実施したアンケート調査（有効回答数は一三八八人）によると、子どもが臨時休校となった有職の母親

の四三・八％が、休校中は「子どもだけで留守番」と回答した。小学校低学年（一～三年）の場合でも、三四・九％が「子どもだけで留守番」という結果であった。

日本小児科学会の対応は早かった。三月一三日に同学会の「こどもの生活環境改善委員会」が「留守番をする子どもの安全をまもるためにできること」という六ページの資料を、学会ウェブサイト上に発表した。全国的な学校の一斉休業について「今回の措置により、子どもだけで留守番させなければならないご家庭も少なくないと思われます。保護者が不在の中、子どもだけで留守番をしなければならないという状況には、危険が多く潜んでいます。子どもだけで留守番をさせる際の安全対策をまとめました」として、キッチン、浴室・洗面所、リビング・子ども部屋、ベランダ、玄関などの場所別に、注意点が列挙された。

たとえば、キッチンについては、子どもが火を使わなくて済むように食事（お弁当）を用意しておくこと、玄関については、留守番中には来客があっても応じないようにルールを決めて練習しておくことなど、具体的な提案が並んでいる。同資料へのリンクをウェブサイトに貼っている学校もあった。

よく考えてみると、キッチンの火気も、留守番中の来客も、小児科医の専門の域をはるかに超えている。だが、子どもの安全にかかわることとして、専門性を超えて迅速に重要なメッセージを発信した。新型コロナウイルスの感染拡大への対応という点ではステイ・ホームは私たち大人に安全・安心をもたらすものであるが、年齢の低い子どもには重大なリスクをもたらす。広く子どもの安全・健康にかかわる専門家として、小児科医が迅速に情報を発信したことの意味は大きい。

子ども虐待の「発見」

ステイ・ホームで子どもが直面するリスクは、留守番時の出来事だけではない。前章で触れた「虐待」は、家に閉じこもればその分だけリスクが高まる。

今日話題となっている子どもへの虐待問題は、一九六〇年代のアメリカで注目を集め、それ以降、子どもの福祉をめぐる主要な社会問題の一つとして認識されるに至ったという経緯をもつ。当時のムーブメントは、しばしば虐待の「発見」あるいは「再発見」と表現される。

すでにその約一世紀前にアメリカのニューヨークでメアリー・エレンという少女が養父母から虐待を受けつづけ、民間の活動により保護される「メアリー・エレン事件」が話題をよんだ。これを受けて子どもの保護活動への機運が急速に高まり、メアリー・エレン事件は、子どもの虐待がアメリカではじめて「発見」された事案とも言われる。しかしながら当時の関心は、虐待は一つの例外的な出来事としてとらえられるにとどまるものであった(1)(2)(3)。

一九六〇年代以降における子ども虐待の「発見」(「再発見」)は、全米あるいは全世界的なムーブメントである。虐待防止の活動において、なぜ「発見」という語が重要な意味を帯びてきたのか。

一九六〇年代以降の「発見」は、小児科医であるケンプらがアメリカの権威ある医学雑誌『米国医師会雑誌』に「被殴打児症候群（The Battered-Child Syndrome）」と題する論文[4]を提出したことにはじまる。ケンプらは、一九四〇・一九五〇年代に放射線科医などによっておこなわれた幼児の骨折に関する検討を受けて、子どもへの殴打が骨折や硬膜下出血、軟組織の腫脹、栄養不良、皮膚の打撲、突然死などとしてあらわれ、その結果、子どもは、死に至ったり、身体に永久的な障害を被ったりすると指摘した。

この「被殴打児症候群」というセンセーショナルな命名とともに、身体的虐待を受けた子どもの保護の必要性が認識され、専門家の通告義務を規定する法律など、子どもを虐待から保護するための法整備が各州で進められた。さらにこの子ども虐待の「発見」に大きなはずみをつけたのが、一九七四年に公布された連邦法「児童虐待の予防と治療に関する法令」である。この法令によって、児童虐待はアメリカ連邦全体で取り組むべき国家的問題としての性格を強めていった。虐待への対策やその資金源が制度的に定められ、「児童の虐待とネグレクトに関する全米対策センター（ＮＣＣＡＮ）」が立ち上げられた。

また一九七七年にはすべての国家における子どもへの残酷な扱いを防止するための機関として、「国際子ども虐待防止協会（ＩＳＰＣＡＮ）」が設立され、同時に国際的な機関紙である『国際雑誌児童虐待とネグレクト』が創刊された。こうしてアメリカ社会では、子ども虐待問題はきわめて現代的・多発的・普遍的な現象として認識されていった。子ども虐待は、小児科医の告発をきっかけにして、アメリカ社会における関心事として台頭した（＝「発見」された）のである。

日本は「子どもにやさしい社会」

日本においても虐待は「発見」された。社会福祉学を専門とする井垣章二は、一九八五年の時点では日本社会の子ども虐待の実態を、次のように考察していた。

この二〇年間アメリカ最大の児童社会問題であり、多くの先進諸国共通の問題として多大の関心を集めた児童虐待問題が、わが国において大きな話題とならず今日に到っているのは不思議ともいえる。（略）よりはっきりいえることは、アメリカのような暴力是認の文化はわが国には存在しないということではなかろうか。映画やテレビ番組で暴力シーンは数々現れるが、人びとはそれはそれとして楽しんでいて、実生活の中にそれが根をおろすことはない。（略）「泣く子と地頭には勝てぬ」として、子供は民衆にとっての絶対的な権力者と同じ地位を与えられていたのである。何と子供にやさしい社会であろうか。明らかに日本は、表向きにはそうだとするアメリカよりは児童中心社会であるといえよう。(5)

後に一九九八年の時点で井垣は前記の一九八五年の論考を振り返り、子ども虐待が「今や、広く一般の人びとまでが大きな関心をもつ社会問題になっているのである。これを書いたときを思うと、状況は全く変化し、ただただ驚くばかりである」と述べている。(6)社会福祉の専門家でさえ、「何と子供にやさしい社会であろうか」と評価していた。ところが十数年で社会のまなざしは、「ただただ驚くばかり」に、大きく変容した。

井垣が経験し述懐したとおり、アメリカの動きから二〇〜三〇年の時を経て一九九〇年代に入り、日本でも子ども虐待に関する報道や議論が急速に拡大してきた。

その間、虐待防止を目的とする民間組織が果たした役割は大きい。一九九〇年に大阪で「児童虐待防止協会」が発足したのを皮切りに、一九九一年には東京で「子どもの虐待防止センター」が、一九九五年には愛知で「子どもの虐待防止ネットワーク・あいち」が設立され、電話相談や危機介入、広報、調査・研究活動等を展開してきた。また一九九六年には「日本子どもの虐待防止研究会」が発足した。同研究会は、一九九九年には学術雑誌『子どもの虐待とネグレクト』の公刊を開始し、二〇〇四年には「研究会」から「学会」（「日本子ども虐待防止学会」）へと編成され、より専門的な組織体としての位置を確立した。

国レベルでは一九九〇年度から、児童相談所がかかわった虐待相談の対応件数が計上・公表されるようになった。対応件数は同年度の一一〇一件からその後一貫して増加し、一九九九年度に一万件、二〇〇一年度に二万件を超えた。件数はその後も一度も減少することなく、二〇一九年度には一九万件にまで達している。また一九九九年に厚生省（当時）は『子ども虐待対応の手引き』を発行し、児童虐待の定義から発生機序や危機介入に至るまで、幅広く虐待問題を解説した。その後も二〇一三年まで改定が複数回おこなわれて、近年ではたとえば文部科学省から「学校・教育委員会等向け虐待対応の手引き」が二〇一九年に発表されるなど、より特定の実践的な取り組みとして、虐待防止活動はいっそうの拡がりをみせている。

これら一連の虐待防止活動におけるもっとも大きな成果の一つは、「児童虐待の防止等に関する法律」の制定である。二〇〇〇年五月に公布、一一月に施行された。同法では、児童虐待の定義、児童に対する虐待の禁止、虐待の早期発見と迅速かつ適切な保護のための国および地方公共団体の責務が明記された。同法はその後もたびたび改正され、虐待防止の理念や活動にいっそう適合的なかたちへと整えられている。

同法の第五条では「学校、児童福祉施設、病院、（略）児童の福祉に職務上関係のある者は、児童虐待を発見しやすい立場にあることを自覚し、児童虐待の早期発見に努めなければならない」ことが定められ、また第六条では「児童虐待を受けたと思われる児童を発見した者は、速やかに、これを市町村、都道府県の設置する福祉事務所若しくは児童相談所又は児童委員を介して市町村、都道府県の設置する福祉事務所若しくは児童相談所に通告しなければならない」として、すべての者に通告義務が課されている。まさに「発見」し「通告」するかたちで、家庭内で起きていた子どもへの暴力や暴言などが虐待として見える化していく仕組みが整備された。

虐待は増えているのか？

そもそも人類の歴史においては、ほぼすべての社会で子どもに対する厳しい懲罰が伝統的に用いられてきた。虐待防止の歴史とは、虐待の「発見」の歴史である。

そして、「発見」されるがゆえに、虐待防止の意識が高い社会、子ども保護の体制が整備されている社会では、虐待の公式統計にあらわれる「件数」は増えていく。一方で、逆に市民や行政が「発見」に向けた意識や機会を失ってしまえば、虐待の「件数」は減少に転じる。それが前章で私が指摘した「コロナ禍における子ども虐待の『消える化』現象」である。すなわち、二〇二〇年春から新型コロナウイルスの感染拡大がくり返されるなかにあって、虐待「発見」のペースが鈍化した。ここ数年は前年比で二割増であった児童相談所における虐待相談対応件数の伸びが止まり、昨年同月比から減じる月もあった。

さてここで気になるのは、そうだとすれば、虐待の「本当の件数」はどうなっているのか。端的に言えば、確実なことはだれにもわからない。ただ一つの参考となる指標がある。「死亡」の件数だ。なぜなら、死亡は目をつぶって済ませることのできない事態、つまり私たちの意識の敏感さにかかわらず、ある程度客観的に実態が把握されるからである。死亡は、警察や病院関係者による精査を経て、それが虐待によるものであるかどうかが決定される。

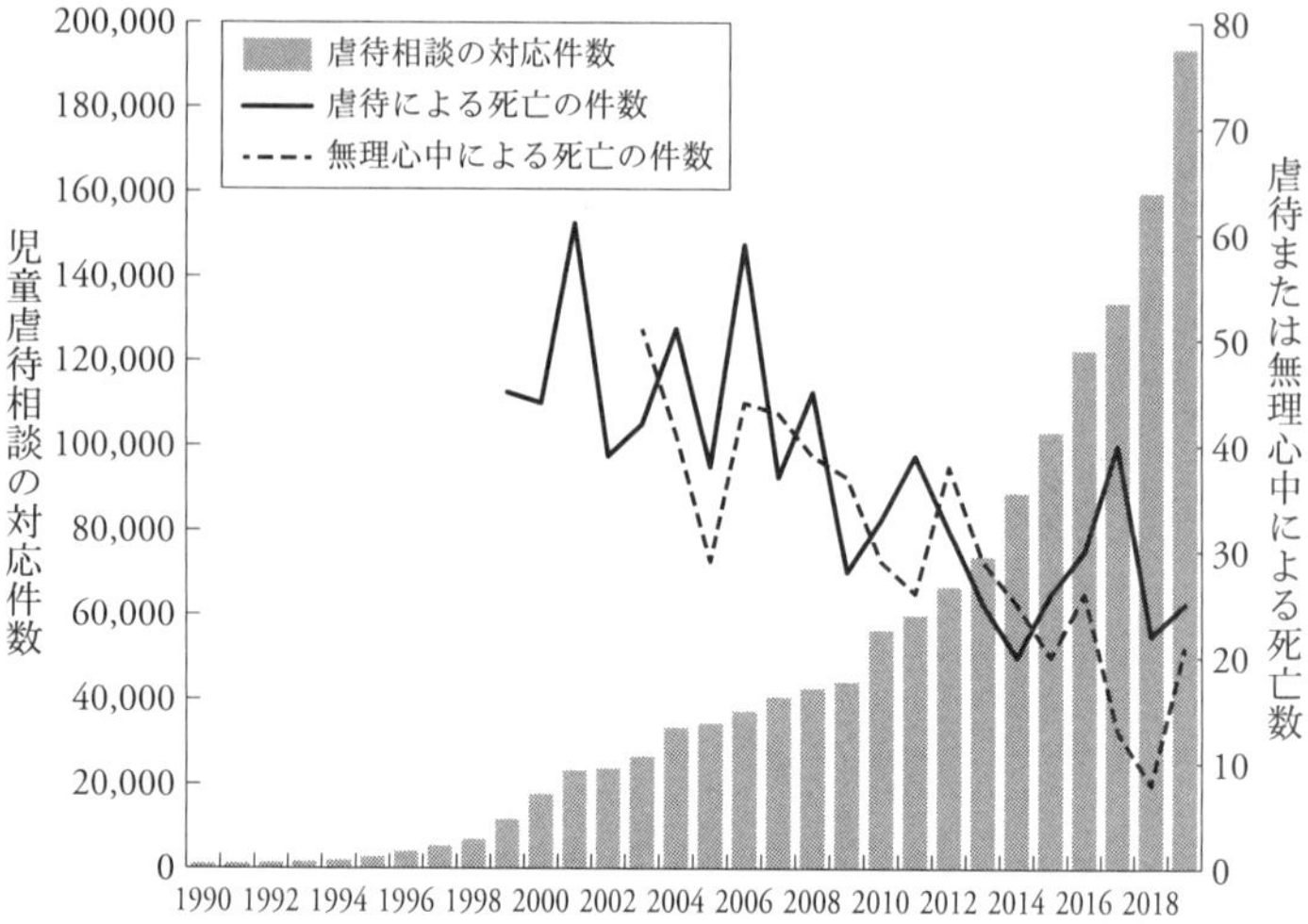

図15－1　虐待相談の対応件数と虐待による死亡件数

死亡の件数を組み入れて、虐待の各種件数を図示した（図15－1）。図中の棒グラフは、厚生労働省が発表している虐待相談の対応件数である。折れ線グラフは、警察庁が発表しているもので、養育者などからの虐待によって死亡した子どもの人数である。実線が虐待による死亡数、破線が無理心中による死亡数である。実線も破線も総じて下方に向いている。つまり、子どもが養育者によって殺害されるケースは減少している。

虐待相談の対応件数は急増し、死亡件数は減少している。これはけっして不思議な事態ではない。虐待への危機感が高まり、「発見」に大人がエネルギーを注げば、重大事案は減少していく。子どもを大切にする社会では、子どもの死亡は減り、それと同時に子どもが受ける小さな危険は次々と表面化する。通常、「安全」と

「危険」は対義語である。しかしじつは「安全」を志向する社会であるほど、小さな「危険」が徐々に目立っていく。「安全と危険のパラドクス」とでも言うべき作用がここに生じている。

個々のケースでは、信じがたい凄惨な事件がいまも起きている。しかし日本社会全体としては、虐待防止活動の成果が一つひとつ実っている。虐待問題を論じるときにいま必要なのは、虐待が実際に減っているとしてもそれでも「減らしたい」という主張が認められることである。私たちはつい、「悪くなっているから、改善しましょう」という論を立てたがる。しかし大事なのは、「悪くなっていないとしても、改善しましょう」と主張できることである。

二〇一九年度も、一年の間に養育者の虐待によって子どもが五〇名亡くなっている（虐待死二九名、無理心中による死二一名）。これだけで十分に大きい数字である。「本当に減っているとしても、それでも減らしましょう」――皆がそう言えるようになったとき、子どもたちにとって本格的に安全な社会がやってくる。

16　安全の格差、子どもの受難
虐待といじめの地域差に迫る

数字は怖い

私は研究の一環で、アンケート調査にたずさわる機会がある。日常的に複数のウェブ調査プロジェクトが進行している。プロジェクトにはときおり、教育関係者やマスコミ関係者、学部生がオブザーバーとして参加することもある。一つの質問をつくるだけでも、文言の意味内容から調査上のテクニカルな工夫まで、複数名で長々と議論する私たちの姿を見て、驚かれることも多い。

アンケート調査は、相当な労力を要する作業である。とりわけ、サンプリングとワーディング関連の負荷は大きい。「サンプリング」とはどこのだれに調査するのかを考え、「ワーディング」とはどのような質問文と選択肢をつくるのかを考える。両者を丁寧に進めることができれば、アンケート配布・回収後の分析は安心して遂行できる。逆に、雑に済ませると、最新の分析手法を用いたところで何の結果も出せない。アンケート調査は分析こそが肝だと思われるかもしれないが、分析前の段階は分析以上に専門的なスキルが求められる。

アンケート調査の設計から分析結果の公表に至るまで、外から見えないところを含めて、私たちは一貫して用心に用心を重ねている。なぜなら調査結果として示される何らかの数値は、今日の各種施策の立案においてエビデンス（科学的根拠）として、強烈なインパクトをもちうるからだ。少なくとも私個人は、エビデンスの生成にはいつも「怖さ」を感じている。科学的根拠として重宝されるがゆえにこそ、エビデンスはあらゆる局面において丁寧かつ慎重に取り扱われなければならない。

目線をエビデンスの発信者から受信者に移しても同じことが言える。

「リテラシー（literacy）」に似た言葉で、「ニューメラシー（numeracy）」という造語を耳にすることが増えた。字義としては数字（number）の読み書き能力（literacy）を指し、狭くは「計算能力」から広くは「日常生活で数字を正しく理解し使いこなす能力」といった意味に翻訳される。ニューメラシーの概念が一九五〇年代にはじめて登場した際、それは「数量的に思考する能力だけでなく、科学的な手法を理解すること」と定められた。[1] 数値はただそれだけで正当性をもつものではなく、つねに科学的な観点から読解されるべきである。

医療の分野におけるエビデンスの重要性を唱えたガイアット（G. H. Guyatt）らの“Evidence-Based

Medicine" と題する論説(2)が、臨床医に求められる三つの能力の一つとして、情報に対する批判力をあげたことは、特筆すべきである。エビデンスを活用することが重要なのはもちろんのこと、それを批判的に読み解く力がなければ、エビデンスは良薬どころか毒薬になってしまう。

数量的データとは、ただそれだけで説得力をもってしまってはならない。発信する側も受信する側も、それを慎重かつ丁寧に取り扱うなかでこそ、数値は意味をもつ。

子ども虐待の件数　過去最多を更新

二〇二一年八月三〇日に厚生労働省は、二〇二〇年度中に全国二二〇か所の児童相談所が対応した子ども虐待相談の件数（速報値）を発表した。対応件数は昨年度の一九万三七八〇件を一万一二四九件うわまわる二〇万五〇二九件に達した。一九九〇年度に統計が公表されてから、一度も減少することなく、今回もまた過去最多を更新した。厚生労働省の資料によると、対応件数が増加した主な要因としては、心理的虐待の件数の増加と、警察等からの通告の増加があげられるという。

ただ、本書第14章「コロナ禍における子ども虐待の『消える化』現象」で指摘したとおり、私にとってはコロナ禍のステイ・ホームにより家庭内の虐待が第三者の目に触れにくくなったことこそが気がかりだ。

実際に、今回発表された二〇二〇年度の件数は増加したとはいえ、その増加率は前年度比で五・八％にとどまった。ここ一〇年ほどは前年度比でおおよそ一〇％台後半から二〇％台前半の増加がつづいてきたことをふまえても、今回の増加幅は小さい。二〇〇九年度の対前年度比三・六％以来の、低水準である。養育者と子どもの日常生活が家庭のなかに閉ざされることで、虐待が生じる機会は増大するはずだ。そのことについて国連も警鐘を鳴らしてきたが、それとは裏腹に虐待の可視化のペースが鈍ったというのが、数値から読み取れる虐待のリアルである。

虐待は、その実際の発生状況が外からは見えにくいところにこそ、重大な関心を私たちは示さなければならない。「見える化なくして対策なし」であり、見える化こそが当事者支援の第一歩となる。

そして、虐待の見えにくさは、学校のいじめにも当てはまる。大人には気づかれないところで、いじめはおこなわれる。虐待もいじめも起きて当然という前提で、それをどう見つけて（認知して）支援につなげていくかが問われる。

本章では、統計の数値を慎重に読み進めながら、子どもの二大受難とも言える「虐待」と「いじめ」の見えにくさについて、とくに都道府県の格差の観点から描き出したい。

虐待の見える化に大きな地域差

虐待やいじめは、大人の側の対応次第で、事案の見える化は大きく左右される。すなわち、行政や関係機関がアンテナを高くして事案の発見と対応に努めようとすれば、公式統計における認知上の件数は増大する。このような数値の特質を自覚しないと、件数の誤読が生じる。

たとえば私たちが子どもの虐待被害に心を痛めて声をあげて、行政が動く。その結果、虐待の定義が拡大したり、事案が掘り起こされたりして、件数が増大する。件数の増大を受けて、「ほら、やっぱり悪化している」と考えてしまう。自分で火を起こしておきながら、そのことを忘れて、火の大きさに驚くようなものだ。

虐待の件数は、統計が開始された一九九〇年度は一一〇一件であった。それが先の二〇二〇年度の速報値では二〇万五〇二九件と、三一年間に約一八六倍の激増である。また、いじめの件数も同じく一九九〇年度と比較してみると当時は二万四三〇八件であったが、二〇一九年度には六一万二四九六件と三〇年間に約二五倍の増加である。まさかこれらの変化を、「本当に虐待やいじめが増加した」ととらえることはできないだろう。件数の一部については、本当に実態の次元で増加したことの影響があるかもしれないが、基本的にこのような劇的な件数の変動は、行政側の取り組みによってもたらされたと考えるべきである。

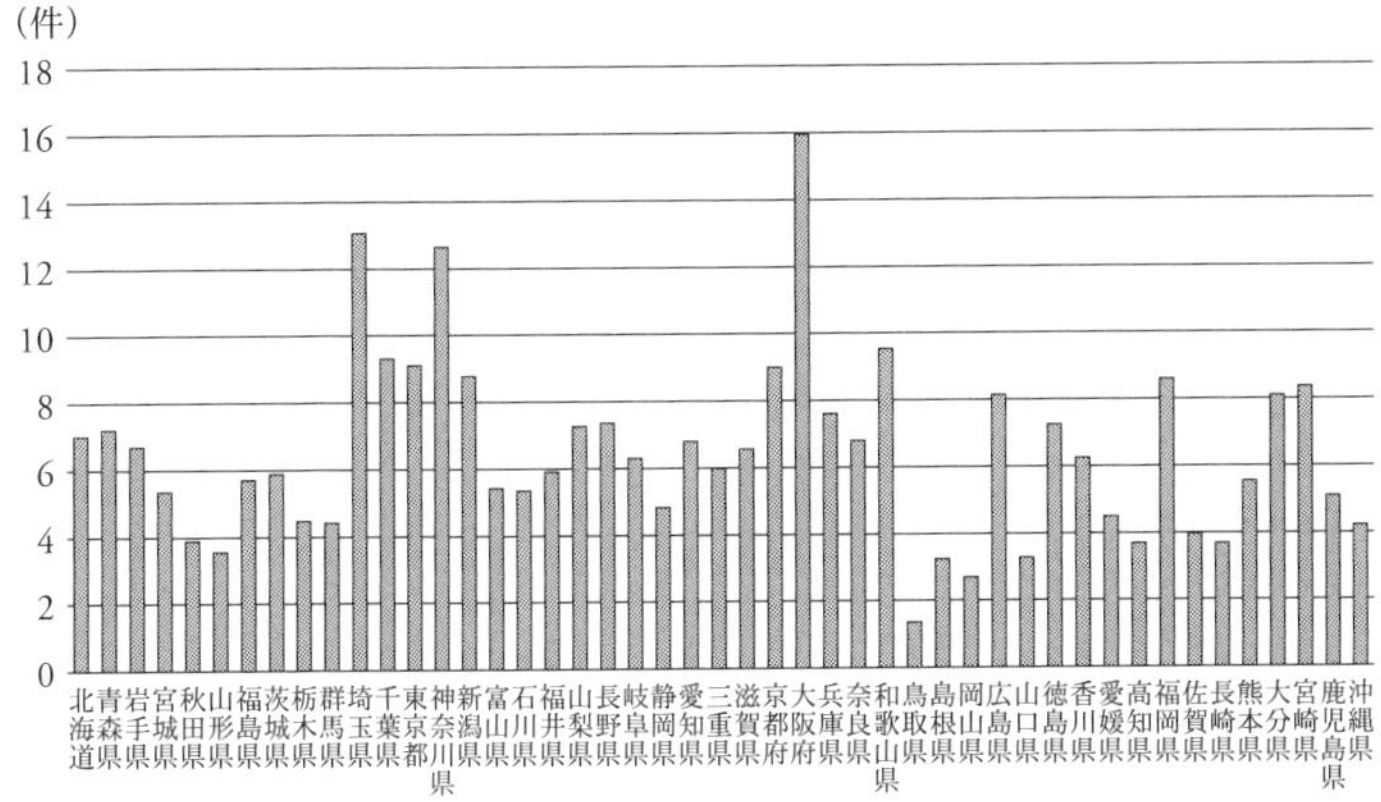

図16－1　児童相談所における虐待相談の対応件数（2019年度、7～18歳、千人あたり）

それでは、虐待の地域差を調べてみよう。以下では二〇一九年度のデータにもとづいて分析を進める。

子ども虐待の件数は、厚生労働省が毎年発表している「福祉行政報告例」に掲載されている。二〇一九年度の「児童相談所における児童虐待相談の対応件数」として、各都道府県別における三歳刻みの年齢別件数が把握できる。後段のいじめの件数に合わせるかたちで、ここでは「七～一二歳」「一三～一五歳」「一六～一八歳」をまとめて、当該年齢の子ども数を「学校基本調査」から抽出し、子ども一〇〇〇人あたりの件数を算出し、図示した（図16－1）。なお「福祉行政報告例」では、政令指定都市と中核市が別掲扱いされているので、それらの都市の件数はすべて該当する都道府県に組み込んだ。

図を一見してわかるように、都道府県間の格差がとても大きい。最大値は大阪府の一六・〇件で、埼玉県の一三・一件がつづく。最小値は鳥取県の一・四件で、最大値と最小値の開きは一一・四倍である。「変動係数」という指標（標準偏差を平均値で除する）で都道府県間のばらつきを数値化すると〇・四二を示す。

いじめの見える化にも大きな地域差

可視化された件数でいうと、いじめは虐待よりもはるかに多い。

いじめの件数は、文部科学省が毎年実施している「児童生徒の問題行動・不登校等生徒指導上の諸課題に関する調査」により公表されている。文部科学省は、二〇〇五年度まではいじめの件数を「発生件数」と呼んでいたが、二〇〇六年度からは「認知件数」と言い改めている。数値の特性が、適切に表現されている。

いじめ対策では、学校や教育委員会はしばしば「いじめゼロ」のスローガンを掲げてきた。だが「いじめゼロ」が目標に定められ、それが強調されるほど、事例を見つけても報告しづらくなり、事例は水面下に潜っていきかねない。今日では、「いじめゼロ」よりも「いじめ見逃しゼロ」というスローガンが好まれるようになってきている。つまり事案を積極的に発見し、深刻化しないように対応することに力が注がれる。件数の大きさは、虐待と同様に、その防止に向けた努力の大きさによって変動する。

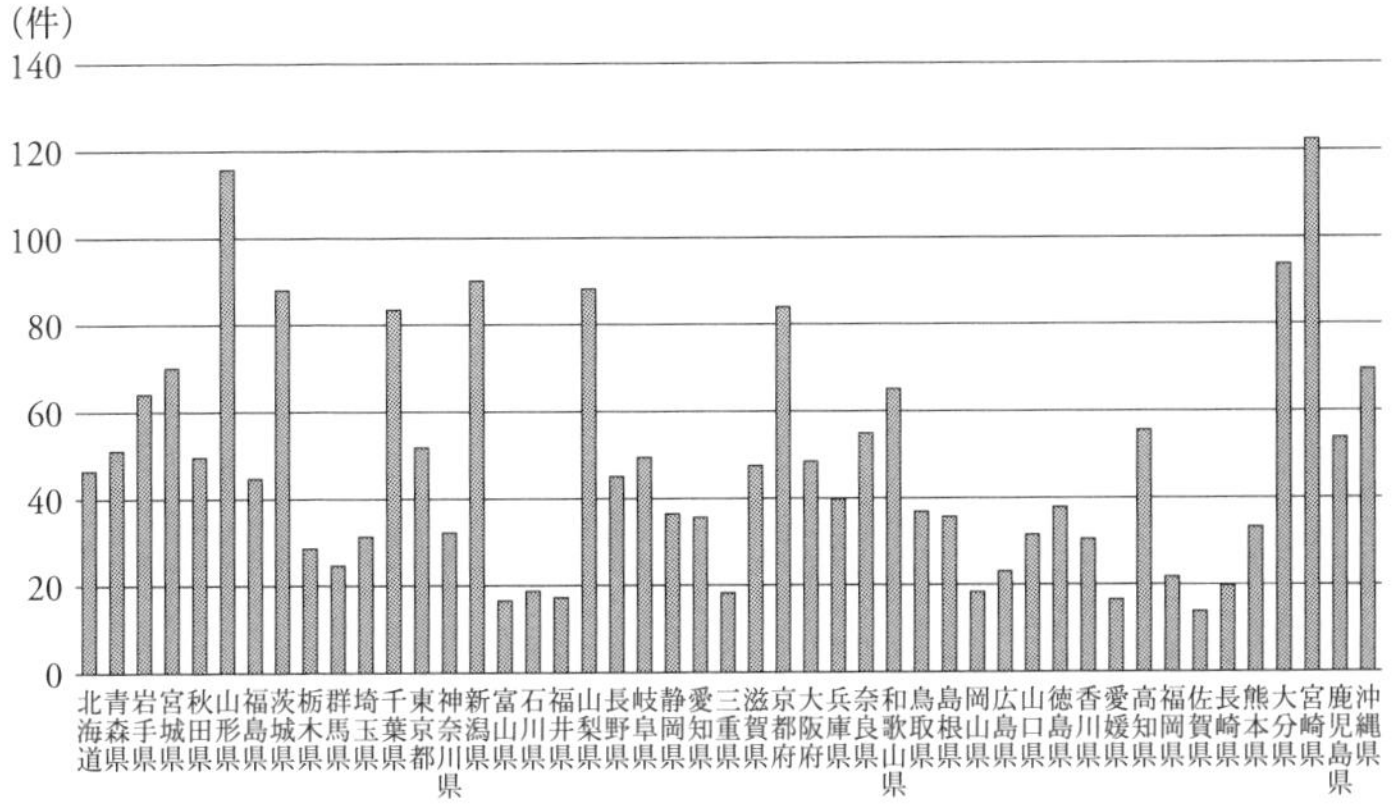

図16－２　学校におけるいじめの認知件数（2019年度、小・中・高・特支、千人あたり）

さて虐待の分析に合わせて、子ども（小学校・中学校・高校・特別支援学校）一〇〇〇人あたりの件数を図示した（図16－2）。先の子ども虐待における一〇〇〇人あたりの件数は、私のほうで複数のプロセスを経て算出したが、いじめについては、調査報告に記載されている数値をそのままグラフ化しただけである。

いじめの件数においても、都道府県間の大きな格差が認められる。最大値は宮崎県の一二二・四件で、山形県の一一五・七件がつづく。最小値は佐賀県の一三・八件で、最大値と最小値の開きは八・九倍であり、虐待よりは小さい。ただし、全体的なばらつきの程度をあらわす変動係数の値は〇・五六と、虐待よりも大きい。

いずれにしても、いじめも虐待もそれがどの地域で生じるかによって、対応の有無が大きくわかれることが明らかとなった。なお、いじめと虐待の間には強い関係性はなく、相関係数は〇・一九である。縦割り行政のなかで、各都道府県が虐待（福祉）といじめ（教育）それぞれの部署で、それぞれに対応していると言えそうだ。

安全の格差

虐待といじめの見える化における地域差をより明瞭に理解するために、参考までにいわゆる「学力格差」の実情も図示した（図16－3）。

これは、二〇一九年度に文部科学省が全国の小学六年生（国語・算数）と中学三年生（国語・数学・英語）を対象に実施した「全国学力・学習状況調査」の結果をもとに、正答率について小学生の二教科の平均と中学生の三教科の平均を合算して、さらにそれを二で除して小学校と中学校の平均をとった値である。学力テストであるから一〇〇点を超えることがないため、そもそも極端な地域差は生じない点には注意が必要であるが、ここで力点を置きたいのは私たちの関心のあり方だ。

学力は、学校教育において長らく「格差」問題の中核に位置づいてきた。だがその地域差はとても小さく、変動係数の値は〇・〇二八である。

私はけっして、学力の地域差が考慮に値しないと言いたいのではない。学力格差は、学校教育の最重要課題である。だから各自治体・学校は学力向上を一年間の学習計画に位置づけて、みずからの「順位」に日々神経を尖らせている。

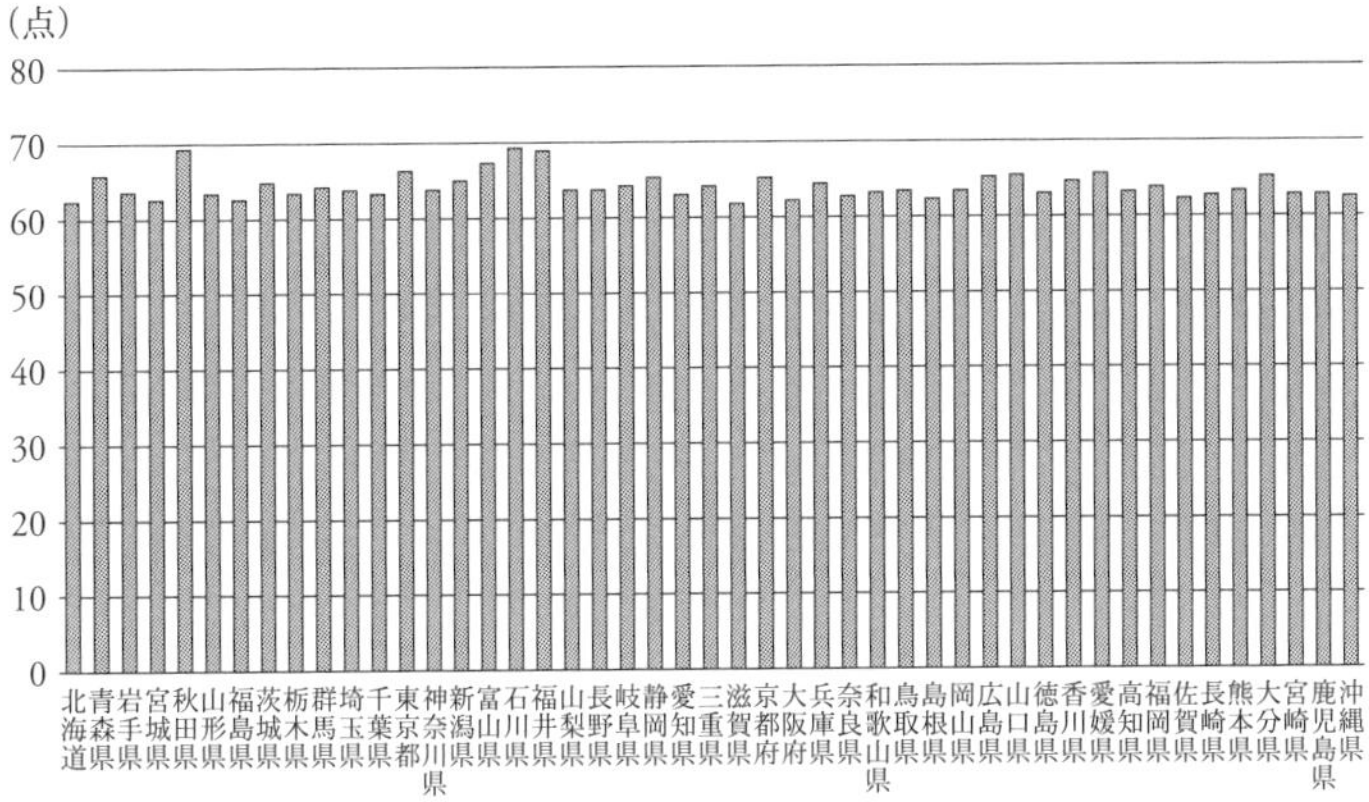

図16－３　全国学力テストの平均得点（2019年度、小・中）

厳密には当該地域・学校の順位をあげたところで、それが各種格差の縮小につながるわけではないのだが、いずれにしても長らく問題視されてきた学力の地域差や順位に比べて、いじめや虐待の見える化にかかわる地域差は、ほとんど知られていない。それどころか、頑張って事案を発見して件数が増えていくと、それが悪化の兆候と受け止められて否定的な評価を与えられる。放置しておくと、件数が増えずに好意的な評価を与えられる。まったくの誤解である。

いじめも虐待も、子どもの安全、ときには命にかかわる問題である。ところがその歴然とした認知の地域差はほとんど知られていないし、むしろ数値は逆の読み方をされてしまう。こうして大人の無理解のツケは、子どもの心身の傷へと変換されていく。

17　学者は真実を知っている?

いじめのウソとマコトに迫る

いかにウソをつくのか

私はいまでこそぜんぜん勉強しなくなってしまったけれども、大学院生の頃は、自分の考えを整理するために、社会学を中心にさまざまな文献を読んだものだ。

当時学んだことは、いまも私のパースペクティブの土台となっている。なかでも私の研究人生に大きな影響を与えつづけているのは、一つがスペクター（M. B. Spector）とキッセ（J. I. Kitsuse）による社会問題の構築主義で、もう一つがゴッフマン（E. Goffman）の演劇論だ。

私なりに整理すると、前者のスペクターとキッセによる社会問題の構築主義とは、たとえばいじめ、飲酒運転、セクハラ、新型コロナウイルス感染症など、この社会に広く知れ渡っている各種問題の語られ方が、関係者らの活動によっていかにつくりあげられていったのか（構築されていったのか）を明らかにする。詳しくは、二人の共書『社会問題の構築──ラベリング理論をこえて[1]』を手にとるとよいだろう。

後者のゴッフマンによる演劇論とは、私たちが集う日常の場面を一つの舞台に読み替えて、私たちがその状況にふさわしい自己をいかに呈示しているのか（演じているのか）を明らかにする。詳しくは、『行為と演技──日常生活における自己呈示[2]』、『スティグマの社会学──烙印を押されたアイデンティティ[3]』などを参照してほしい。

スペクターとキッセは、集団や組織の活動に着目し、世論の形成過程を描き出す。ゴッフマンは、個人の意識に着目し、個々人が集う場面における自己の表出戦略を描き出す。位相は異なっているのだが、しかしながら私のなかで両者は、同じような意味を有している。すなわち大雑把な言い方を許してもらえるならば、人びとはいかにウソをつくのか、いかに事実らしきものがつくられていくのか、ということだ。

考えてみると、教育の領域においても、ウソかマコトかわからないことが多い。同じ事案をめぐって、「いじめがあった」という人もいれば、「いじめはなかった」という人もいる。「生徒のために、土日も教師は部活動を指導すべきだ」と主張する人もいれば、「土日の部活動で教師が疲弊しては、生徒のためにならない」と主張する人もいる。

選挙の期間になると、相対する政党の候補者が、それぞれに「真の政治を」「国民の声に耳を傾ける」と叫ぶ。はたしてそこでいう「真」とは何で、「国民」とはだれなのか。そこから見えてくるのは、この社会にはさまざまな「真」があり、多様な「国民」がいるということなのだろう。

正しい「性格の悪さ」

本書でまさに私は、さまざまな教育事象について、世の中で事実だと思われてきたこと、常識とみなされてきたことを批判的に検証してきた。ずいぶんと性格の悪い内容になってしまったようにも思えるが、それでも学者である限りは、できるだけ正しい「性格の悪さ」をつらぬきたいものだ。

本書第Ⅴ部を中心に私は、家庭における子どもへの虐待や、学校におけるいじめの件数が、私たちのアンテナの高さ（関心の高さ）に依拠していることを指摘した。つまり、私たちがそれを防ぐべきものとみなして子どもの様子に目を向けるほど、件数は増えていく。したがって、件数が増えたことをもって、「事態が悪化している」ととらえてはならない。

先に述べた社会問題の構築主義を確立したスペクターとキッセは、社会問題をある種の実体をもった「状態」としてではなく、「なんらかの想定された状態について苦情を述べ、クレイムを申し立てる個人やグループの活動」（『社会問題の構築』、一一九頁）と理解した。ある集団が「それが問題だ」と主張するならば、その主張活動を社会問題研究の対象に据えようというのだ。

そこでは、問題とされる出来事が客観的実在を有しているか、平たくいえば、それが本当に起きているかには、関心が向けられない。スペクターとキツセは、次のように念を押す。

　状態そのものの存在さえも、社会問題の分析にとっては関わりのない、外的なものであると考えたい。想定された状態が存在するかどうかについては、関知しない。想定された状態が完全なでっちあげ――嘘――であったとしても、その申し立てを受けた人びとが自ら分析を開始し、それがでっちあげであるということを発見しない限り、その状態の真偽について、われわれは非決定の立場を取りつづける。（同前、一二〇～一二一頁）

　スペクターとキツセが参照するのは、特定の人びとによる語り（申し立て）のみである。それが客観的実在に正確に根ざしているかどうかは問わない。語られたものだけを分析の対象とするのだから、科学者の立場のとり方としてとても明確で、すっきりしている。

　ところが、スペクターとキツセの言明に、厳しい批判が向けられた。ウールガー（S. Woolgar）とポーラッチ（D. Pawluch）による「オントロジカル・ゲリマンダリング（Ontological Gerrymandering：存在論における恣意的な境界設定）」の指摘である。[4]

「オントロジカル・ゲリマンダリング」とは、研究者がある部分についてはそれを「構築されたもの」とみなし、ある部分についてはそれを「客観的実在」とみなして、恣意的な線引きをおこなっている状況を指す。社会問題の構築主義は、「客観的実在を問わない」という命題を掲げながらも、その多くは、ある客観的な状態を想定している。そして客観的実在が変化していないのにその状態に関する定義や見方が変化したと主張している、というのだ。

客観的実在への接近

具体的に、子ども虐待の件数を例に考えてみよう。

社会問題の構築主義の立場から、「子ども虐待の件数とは、児童相談所が相談体制を整備し、広く世の中に積極的な通報を呼びかけたことで増えていく。虐待の増加は虚像にすぎない」と述べたとしよう。ここには、一つの欺瞞が隠されている。それは、人びとが信じ込んでいる子ども虐待の客観的状態が「虚像」だと言うためには、私たちはもう一つ別の客観的状態を想定しなくてはならないからである。すなわち、子ども虐待は本当のところは増えているはずがない、という想定である。子どもを丁寧に育てその人権を尊重する時代、子育ての相談支援体制が整えられつつある時代において、そうした改善の進度をしのぐ勢いで、家庭環境が虐待誘発的になっているとは、どうにも考えにくい。だからこそ、相談件数が増加していても、「虐待の増加は虚像にすぎない」と言い張れる。

逆に、本当に虐待が増加・深刻化していると確信しているような場合には、件数の増加を受けたときに「虐待の増加は虚像にすぎない」、つまり「問題が構築されている」との主張は難しくなる。

不変あるいは減少していると内心で確信しているからこそ、構築されたと主張できる。社会問題の構築主義は、「本当に起きているかどうかは問わない」という態度から始まったはずである。しかし結局のところ、暗黙裡に客観的な「本当」の状態を利用し、問題の構築を指摘してきた。

ただし、「オントロジカル・ゲリマンダリング」の鋭い指摘を受けたからといって、私たちは客観的実在の封印に向かう必要はない。学ぶべきは、構築的な観点に依拠するとき、「客観的実在を問わない」としながらも暗黙裡にそれをとりこんでしまうことの危険性である。自身が客観的実在に対して、どのようなポジションをとっているのか。この点を自覚するのであれば、少なくとも欺瞞的な主張に陥ることは避けられる。

むしろ私は、その客観的実在を積極的に参照する姿勢の重要性を強調したい。客観的実在を表立って活用しながら、当の教育問題の現状を評価する方法である。

すでに本書第15章では、子ども虐待について死亡の件数を組み入れて、虐待の件数を図示した。そこでは、虐待相談の対応件数は急増し、死亡件数は減少していると結論した。子どもを大切にする社会では、子どもの死亡は減り、それと同時に子どもが受ける小さな危険が次々と表面化すると解釈できる。

いじめは増えているのか

では、いじめの客観的実在を探ってみよう。

いじめの件数は、過去に比べて大幅に増加している。文部科学省は毎年、「児童生徒の問題行動・不登校等生徒指導上の諸課題に関する調査」を、教育委員会等を通じて全国の学校に実施している。二〇二〇年度に全国の国公私立の小中高校などにおけるいじめの件数は、約五一万七〇〇〇件であった。(5) 二〇一〇年度が約七万八〇〇〇件であるから、一〇年間に四四万件近くの増加である。

これも端的には、社会問題の構築主義の観点から、「いじめへの関心が高まったから件数が増加した」と主張できる。そしてその背景には、「本当のところは、いじめが激増しているはずがない」という暗黙裡の前提がある。万が一にでも、なんらかの事情で一〇年間に目に見えて急速に学校秩序が乱れてきているとの実感がある場合には、「いじめへの関心が高まったから件数が増加した」とする主張は、感覚的に難しくなる。

オントロジカル・ゲリマンダリングの指摘を回避するためには、客観的実在を確かめればよい。二〇二一年七月に国立教育政策研究所が、報告書「いじめ追跡調査　２０１６―２０１８」(6) を発表した。通常、「いじめの件数」として報道されるのは、先に述べた文部科学省の「児童生徒の問題行動・不登校等生徒指導上の諸課題に関する調査」の件数である。これは学校からの回答、すなわちいじめを認知する教師側からの回答により成り立っている。それに対して「いじめ追跡調査2016―2018」は、子ども自身に直接回答してもらう方法である。

国立教育政策研究所は以前から調査を継続実施しており、報告書では二〇一〇年度以降の変化（二〇一〇年から二〇一八年まで毎年六月と一一月の数値を掲載）がとらえられている。しかも、同一地域の小学校と中学校で同じ内容の調査をくり返す方法により、精度の高いかたちでいじめの経年的な変化を確認することができる。また、いじめの被害経験にくわえて加害経験も調べられている。分析も慎重かつ丁寧であり、学術的に絶大なインパクトをもつ調査研究である。

報告書には、興味深い知見が多く記されている。重要な知見を、二点だけ紹介したい。

第一に、小学校では「暴力を伴わないいじめ」（仲間はずれ・無視・陰口）ならびに「暴力を伴ういじめ」（ひどくぶつかる・叩く・蹴る）のいずれにおいても、総じて被害経験率と加害経験率は減少傾向にある。たとえば、「暴力を伴わないいじめ」において男子児童の被害経験率は、二〇一〇年から五〇％前後で推移し、二〇一六年後半からは四〇％前後に減少している。他方で、中学校では「暴力を伴わないいじめ」と「暴力を伴ういじめ」のいずれにおいても、被害・加害の経験率は二〇一〇年から大きな変化は見られない。以上から報告書では、少なくとも「発生件数が全国的に増加している可能性は低いと推測」されている（図17－1）。

なお調査では、「いじめ」ではなく、「仲間はずれ・無視・陰口」あるいは「ひどくぶつかる・叩く・蹴る」といった文言が使用されている点を見逃してはならない。これらの文言は「いじめ」よ

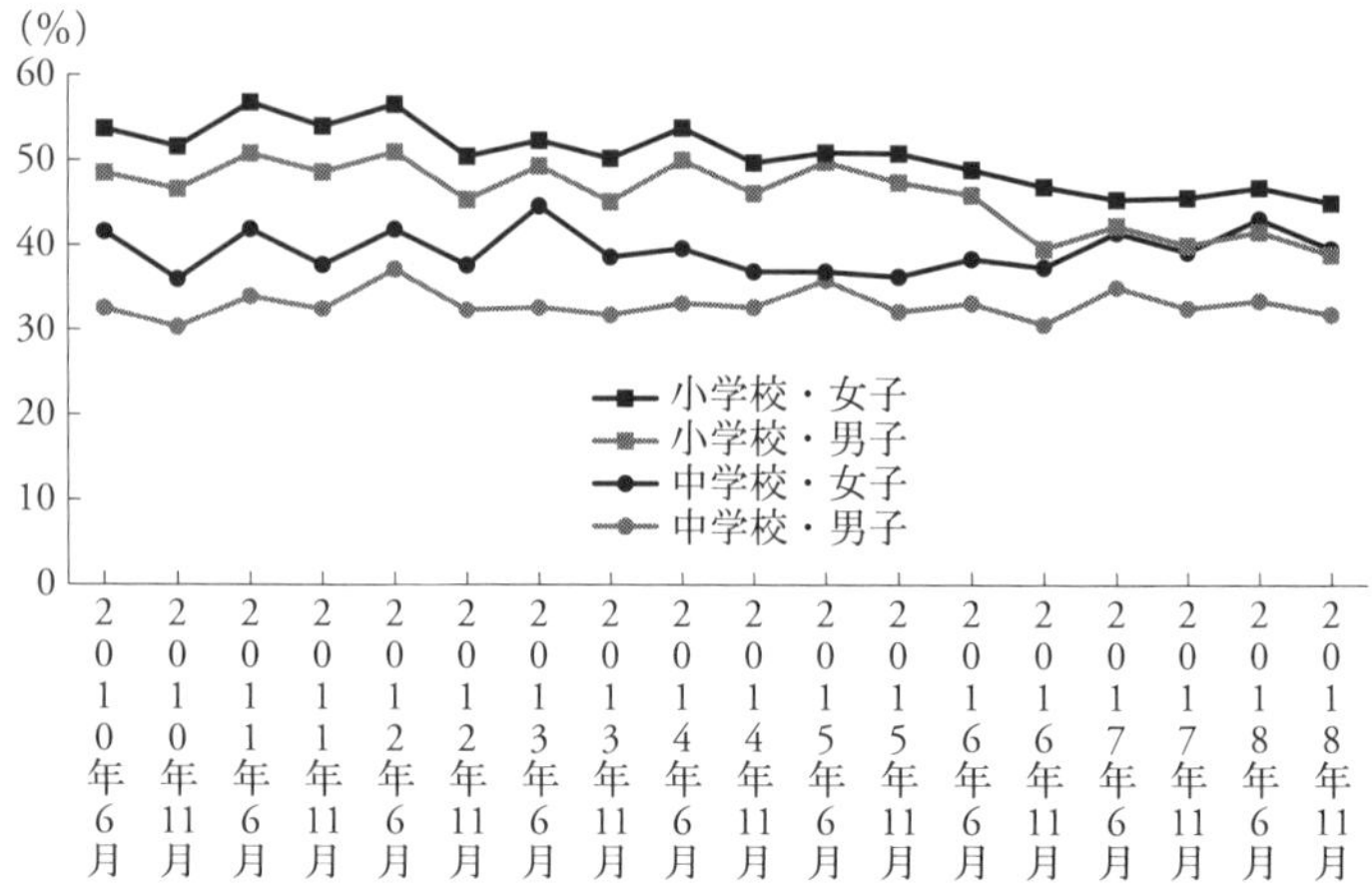

図17－１　「仲間はずれ・無視・陰口」被害経験率の推移

りも、客観的な行動レベルにおいて実在を把握することができる。叩かれたかどうかは被害側（子ども）において、客観的に判断が可能である。客観的実在に少しでも近づこうとする調査者の狙いが読み取れる。

第二の重要な知見として、被害経験率の数値（発生件数）と、「児童生徒の問題行動・不登校等生徒指導上の諸課題に関する調査」の数値（認知件数）を比較検討した結果、報告書では「『認知件数』は現状の数倍にまで増えてもおかしくはない」と推定されている。認知件数は増加傾向がつづいているが、まだ学校側の視界には入っていない事案がたくさんあるということだ。

以上、報告書からは、客観的実在としていじめは少なくとも増加はしていないものの、子どもの被害経験は必ずしも学校側に認知されているわけではないことがわかる。今後、いじめ発見のアンテナをさらに高めていけば、文部科学省発表の件数はいっそう増加していくと考えられる。

本章では、ウソとマコトの間を行き来しながら、虐待やいじめの全体像を描き出した。学者だから真実を知っている、とは考えないほうがよい。

真実とは、けっして揺れ動くことのない、なにかである。一方で科学とは、つねに批判され、反証される可能性を有してこそ科学たりうる。「もしかしてウソかもしれない」――そう疑われつづけてこそ科学であり、だからこそ学者はデータ分析やその考察に慎重を期さなければならない。

本書に書き綴ってきたことは、暫定的な私の解にすぎない。だから、読者の皆さんには慎重な読解を期待したい。こうして私たちは、当の現象にまた一歩近づくことが可能となる。

エピローグ

二〇二〇年春、新型コロナウイルスの感染拡大が始まった。街やオフィスから人びとが消え、ステイ・ホームの日々がつづいた。

日本政府が「新型インフルエンザ等対策特別措置法」の規定にもとづいて、埼玉県・千葉県・東京都・神奈川県・大阪府・兵庫県・福岡県に「緊急事態宣言」を発出したのは、二〇二〇年四月七日のことであった。四月一六日には、私が住む愛知県を含む全四七都道府県が同宣言の対象となった。

私自身も、新型コロナウイルス感染症においては、この社会のすべての人と同じように、その当事者であった。大学教員としての各種業務は、一変した。二〇二〇年度の前期、授業は完全にオンライン形式で実施した。各地への出張も取り止めとなり、適宜オンラインで対応した。

この激変のなか、オンライン化という意味に限定していうと、私は「ついに自分の時代が来た」と感じた。私はＩＣＴの専門家でもエンジニアでもないが、ＩＣＴまわりには関心があり、オンライン会議システムのＺｏｏｍも、四月以前から使っていた。普段から仕事で遠方に出張しても、用事が終われば、どこにも寄らずお土産も買わずに直帰するのが常であった。また、そもそも出不精であるため、私生活も基本的にステイ・ホームで十分に成り立ってきた。外出することなく、公的な業務も私的な生活も充足できる。直接にはだれにも会わずに一日をすごすことができる。目の前には無限の可能性を秘めたインターネット空間が拡がっている。これぞ私の時代だ、との感覚である。

一方、時を同じくして、学部の教員が集まる会議の場（もちろんオンライン開催である）では、ときおり、「学生のメンタルヘルスに注意を払いましょう」との声が教員の間から聞かれるようになっていた。外部との関係が途絶え、自宅に閉じこもり、一人きりあるいは家族のみで時間を過ごしていく。心的な不調を訴える学生の声が、徐々に大学に届くようになっていたのだ。

私はステイ・ホームで順調に生活しているけれども、そうではない人たちがいる。一回目の緊急事態宣言が五月に全面解除され、大学のキャンパス内での対面による活動が少しずつ再開されるなか、私は廊下ですれちがう大学院生にあえて声をかけるようになっていた。

それまでは、廊下ですれちがったところで、声をかけることはなかった。だが、とりあえず少しでよいから話しかけてみて、様子だけでも感じ取ってみようと考えた。

いつの間にか、オンラインの時代において、対面での意図的な声かけが増えていった。オンラインのコミュニケーションと対面のコミュニケーションは、しばしば二項対立的にとらえられる。だが少なくとも私のなかでは、コロナ禍において両方のコミュニケーションは同時に活性化した。

本書では、学校教育や家庭教育に関連するさまざまなトピックを扱った。

本書を貫く態度があるとすれば、それは人の苦悩から物事を考えることだ。オンラインか対面か、学校か家庭か、教師か子どもか、女性か男性か、生身の人間か無機質な数字か、教育の現場（小中高校）か象牙の塔（大学）か、究極にはそれらはどうでもよいことである。人の苦悩をただ一つの出発点にして、既存の二項対立や枠組みを超えて、その苦悩に向き合いつづける。私個人にとっての「臨床」とは、その態度をとりつづけることである。

本書を執筆するにあたって、本書の元となった『教育と医学』の連載では、慶應義塾大学出版会の奥田詠二さんに、また単行本としてとりまとめる際には、同社の村上文さんに、大変お世話になった。お二人のご尽力に深く感謝申し上げる。ここ十年ほどは啓発活動に重点を置いていたため、アカデミックな内容に近づけるには字義どおりに微力しか発揮できなかったものの、お二人に励まされながら、結果的に自分の研究史や研究姿勢を振り返ることができたのは、とてもよい機会であった。

人の苦悩に向き合い、またその苦悩をいくらかでも和らげられないものかと、私はマスコミ対応をはじめ、つい世論喚起に力を入れてしまいがちだ。ただ自分の思考の土台を形成してくれたのはアカデミズムであり、そこから離れてはならないと思っている。

いやとっくに離れてしまっているように見えるかもしれない。だが、それでもなんとかアカデミズムにしがみついて新たな知を身につけながら、人の苦悩を見つめていきたい。雑な仕上がりとなってしまった本書をよりアカデミックな文脈に載せていくと何が言えるのか、批判的思考からのコメントを待っている。

学生のメンタルヘルスのためにと意図的に学生に話しかけていた私は、気がつけば、声を交わすことの楽しみやよろこびを自分事として感じるようになっていた。話すことの効用を実感し、人と食事に出かけるようにもなった。

「人の苦悩に向き合う」と偉そうなことを言いながら、結局のところ自分自身が救われてきたような気がしている。私を支えてくれているすべての皆さんに、心から感謝を伝えたい。ありがとう。

文献注

1 「臨床」という幻想

（1）上野加代子『児童虐待の社会学』世界思想社、一九九六年。
（2）Guyatt, Gordon H. (1991) "Evidence-Based Medicine," *ACP Journal Club*, 114, Mar-April: A-16.
（3）内田良『ブラック部活動——子どもと先生の苦しみに向き合う』東洋館出版社、二〇一七年、七一頁。

2 丸裸の先生が学校を変えていく

（1）上西充子『呪いの言葉の解きかた』晶文社、二〇一九年。
（2）内田良・苫野一徳『みらいの教育——学校現場をブラックからワクワクへ変える』武久出版、二〇一八年。
（3）同前。
（4）Giddens, Anthony (1990) *The consequences of modernity*. Stanford: Stanford University Press.（アンソニー・ギデンズ『近代とはいかなる時代か?——モダニティの帰結』松尾精文・小幡正敏訳、而立書房、一九九三年）
（5）Beck, Ulrich (1986) *Risikogesellschaft: Auf dem Weg in eine andere Moderne*. Frankfurt am Main: Suhrkamp Verlag.（ウルリヒ・ベック『危険社会——新しい近代への道』東廉・伊藤美登里訳、法政大学出版局、一九九八年）
（6）Ariès, Philippe (1980) *L'Enfant et la Vie Familiale sous L'Ancien Régime*. Paris: Plon.（フィリップ・アリエス『〈子供〉の誕生——アンシァン・レジーム期の子供と家族生活』杉山光信・杉山恵美子訳、みすず書房、一九八〇年）
（7）ギデンズ、前掲書。
（8）ベック、前掲書。

3 組織に閉ざされる個々の声

（1）Katz, Daniel and Floyd Henry Allport (1931) *Students' Attitudes: A Report of the Syracuse University Reaction Study*, New York:

Craftsman Press.

4　スポーツにケガはつきものか

（1）Davis, R. M. and Pless, B.（2001）Bmj Bans "Accidents"：Accidents are not Unpredictable, British Medical Journal, 322: 1320–1321.
（2）Mills, Charles Wright and Irving Louis Horowitz eds.（1963）Power, Politics and People: The Collected Essays of C. Wright Mills, New York: Oxford University Press.（ライト・ミルズ『権力・政治・民衆』青井和夫・本間康平監訳、みすず書房、一九七一年）
（3）Spector, Malcom and J. I. Kitsuse（1977）Constructing Social Problems, New York: Aldine de Gruyter.（フィリップ・アリエス『社会問題の構築——アンシァン・レジーム期の子供と家族生活』村上直之他訳、マルジュ社、一九九〇年）
（4）同前。
（5）Emerson, Robert M. and Sheldon L., Messinger,（1977）"The Micro-Politics of Trouble," Social Problems, 25（2）: 121–34.
（6）上西充子『呪いの言葉の解きかた』晶文社、二〇一九年。

5　部活動という聖域

（1）文部科学省「教員勤務実態調査（平成二十八年度）の分析結果及び確定値の公表について」二〇一六年。
（2）文部科学省「新しい時代の教育に向けた持続可能な学校指導・運営体制の構築のための学校における働き方改革に関する総合的な方策について（答申）」二〇一九年。
（3）スポーツ庁「運動部活動の在り方に関する総合的なガイドライン」二〇一八年。
（4）文化庁「文化部活動の在り方に関する総合的なガイドライン」二〇一八年。
（5）文部科学省「運動部活動の在り方に関する調査研究報告書」一九九七年。
（6）文部科学省「学校における働き方改革特別部会　第三回議事録」二〇一七年八月二九日。
（7）内田良ほか『調査報告　学校の部活動と働き方改革——教師の意識と実態から考える』岩波ブックレット、二〇一八年。
（８）公益財団法人日本体育協会 指導者育成専門委員会「学校運動部活動指導者の実態に関する調査報告書」二〇一四年。

６ 「外部化」幻想の落とし穴

（１）文部科学省「新しい時代の教育に向けた持続可能な学校指導・運営体制の構築のための学校における働き方改革に関する総合的な方策について（答申）」二〇一九年。https://www.mext.go.jp/component/b_menu/shingi/toushin/__icsFiles/afieldfile/2019/03/08/1412993_1_1.pdf（最終閲覧日：二〇二三年四月一一日）
（２）スポーツ庁「運動部活動の在り方に関する総合的なガイドライン」、二〇一八年。https://www.mext.go.jp/sports/b_menu/shingi/013_index/toushin/__icsFiles/afieldfile/2018/03/19/1402624_1.pdf（最終閲覧日：二〇二三年四月一一日）
（３）文化庁「文化部活動の在り方に関する総合的なガイドライン」二〇一八年。https://www.bunka.go.jp/seisaku/bunkashingikai/kondankaito/bunkakatsudo_guideline/h30_1227/pdf/r1412126_01.pdf（最終閲覧日：二〇二三年四月二六日）
（４）公益財団法人日本中学校体育連盟「加盟校・加盟生徒数調査集計」二〇一九年。https://nippon-chutairen.or.jp/cms/wp-content/themes/nippon-chutairen/file/kameikou/%E4%BB%A4%E5%92%8C%E5%85%83%E5%B9%B4%E5%BA%A6.pdf（最終閲覧日：二〇二三年四月二六日）
（５）神奈川県教育委員会「中学校・高等学校生徒のスポーツ活動に関する調査報告書」二〇一四年。https://www.pref.kanagawa.jp/documents/11575/sportskatsudouchousa_201412.pdf（最終閲覧日：二〇二三年四月一一日）
（６）武井哲郎『「開かれた学校」の功罪——ボランティアの参入と子どもの排除／包摂』明石書店、二〇一七年。

７ 部活動はだれにとっての問題か

（１）スポーツ庁『平成二九年度　運動部活動等に関する実態調査報告書』東京書籍、二〇一八年。https://www.mext.go.jp/sports/b_menu/sports/mcatetop04/list/detail/__icsFiles/afieldfile/2018/06/12/1403173_2.pdf（最終閲覧日：二〇二三年四月

一一日）

（2）加藤一晃「部活動はどう変わってきたのか——学習指導要領上の位置づけを中心に」『部活動の社会学——学校の文化・教師の働き方』岩波書店、二〇二一年、一～二六頁。

（3）重野拓基・澤田康徳・埼玉県熊谷市政策調査課「熊谷市の小・中学校における熱ストレスによる保健室来室者割合の地域性——来室者割合と気温・湿度との関係に関する定量的把握の試み」『E-journal GEO』15(1)、一～一三頁。

8　インフルエンザにかからない方法——マネジメントがリスクを生み出す

（1）Illich, I. (1976) *Limits to Medicine: Medical Nemesis*, Marion Boyars.（イヴァン・イリッチ『脱病院化社会——医療の限界』金子嗣郎訳、晶文社、一九七九年）

（2）Conrad, P. (2007) *The Medicalization of Society: On the Transformation of Human Conditions into Treatable Disorders*, Johns Hopkins University Press, p. 5.

（3）Beck, U. (1986) *Risikogesellschaft: Auf dem Weg in eine andere Moderne*, Frankfurt am Main: Suhrkamp Verlag.（ウルリヒ・ベック『危険社会——新しい近代への道』東廉・伊藤美登里訳、法政大学出版局、一九九八年。引用は三五～三六頁）

（4）Halford, S. (2020) Sociology and the Social Sciences in the COVID-19 Crisis (https://es.britsoc.co.uk/sociology-and-the-social-sciences-in-the-covid-19-crisis 最終閲覧日：二〇二〇年三月三一日）。

（5）Conrad, P. and Schneider, J. W. (1980) *Deviance and Medicalization: From Badness to Sickness*, Temple University Press.（ピーター・コンラッド&ジョゼフ・W・シュナイダー『逸脱と医療化——悪から病いへ』杉田聡・近藤正英訳、ミネルヴァ書房、二〇〇三年）

（6）Wilson, J. (1984) *Understanding Child Abuse: A Student Workbook*, Acorn Press.（ジル・ウィルソン『子どもの虐待をなくすために——親になるための学校テキスト／オーストラリア』松村京子訳、東信堂、一九八六年。引用は一〇頁）

（7）Luhmann, N. (1991) *Soziologie des Risikos*, Walter de Gruyter.（ニクラス・ルーマン『リスクの社会学』小松丈晃訳、新泉社、二〇一四年）

（8）国立教育政策研究所「いじめの『認知件数』」『生徒指導リーフ』二〇一三年一月号。

9 リスクのアンテナ――ゼロリスクをあきらめる

（1）向殿政男「安全の理念と安全目標」『学術の動向』二四〇、二〇一六年、八〜一三頁。
（2）Graham, John. D. and Jonathan B. Wiener eds.（1995）*Risk vs. Risk*, Harvard University Press.（ジョン・D・グラハム＆ジョナサン・B・ウィーナー『リスク対リスク――環境と健康のリスクを減らすために』（菅原努監訳、昭和堂、一九九八年）

10 だれが子どもを黙らせているのか

（1）McLuhan, Marshall.（1964）*Understanding Media: The Extension of Man.* McGraw-Hill Book Company.（マーシャル・マクルーハン『メディア論――人間の拡張の諸相』栗原裕・川本仲聖訳、みすず書房、一九八七年）
（2）山口裕之「メディア・情報・身体――メディア論の射程」二〇〇一年。http://www.tufs.ac.jp/ts/personal/yamaguci/inet_lec/index-i.html（最終閲覧日：二〇二二年四月五日）
（3）有山輝雄「メディア史を学ぶということ」、有山輝雄・竹山昭子編『メディア史を学ぶ人のために』世界思想社、二〇〇四年、一〜一三頁。
（4）Ong, Walter, J.（1982）*Orality and Literacy: The Technologizing of the World.* Methuen & Co. Ltd.（ウォルター・J・オング『声の文化と文字の文化』桜井直文・林正寛・糟谷啓介訳、藤原書店、一九九一年）
（5）Postman, Neil（1982）*The Disappearance of Childhood.* Delacorte Press.（ニール ポストマン『子どもはもういない』小柴一訳、新樹社、二〇〇一年）

11 校則という桎梏

（1）細井敏彦『校門の時計だけが知っている――私の「校門圧死事件」』草思社、一九九三年。
（2）山田浩之「ネット社会と教育――教育は変わるという神話と現実」『教育社会学のフロンティア2　変容する社会

と教育のゆくえ』岩波書店、二〇一八年、二四九〜二六七頁（引用箇所は二五二頁）。
（3）Foucault, Michel (1975) *Surveiller et Punir: Naissance de la Prison*, Gallimard.（ミシェル・フーコー『監獄の誕生——監視と処罰』田村俶訳、新潮社、一九七七年）
（4）平野孝典「規範に同調する高校生」、友枝敏雄編『リスク社会を生きる若者たち』大阪大学出版会、二〇一五年、一一三〜一三二頁。

12　コロナ禍が校則を動かした

（1）真下麻里子「司法から見る校則」、荻上チキ・内田良編著『ブラック校則——理不尽な苦しみの現実』東洋館出版社、二〇一八年、七九〜九四頁。
（2）Durkheim, Émile (1925) *L'éducation morale.*（エミール・デュルケム『道徳教育論』麻生誠・山村健訳、明治図書出版、一九六四年）

13　私生活への越権的な介入——「学校依存社会」を読み解く

（1）浦野東洋一「登下校時の児童の安全確保の責任構造に関する一考察」『帝京大学文学部教育学科紀要』32、二〇〇七年、一〜八頁。
（2）Illich, Ivan (1971) *Deschooling Society*, Marion Boyars.（イヴァン・イリッチ『脱学校の社会』東洋・小澤周三訳、東京創元社、一九七七年）
（3）宮台真司・藤井誠二『学校的日常を生きぬけ』教育史料出版会、一九九八年。
（4）Davies, Scott and Neil Guppy (2018) *The Schooled Society: An Introduction to the Sociology of Education* 4th edition, Oxford University Press.
（5）広田照幸『教育には何ができないか——教育神話の解体と再生の試み』春秋社、二〇〇三年。

14　コロナ禍における子ども虐待の「消える化」現象

(1) United Nations (2020) *Policy Brief: The Impact of COVID-19 on children*, p. 10. https://unsdg.un.org/sites/default/files/2020-04/160420_Covid_Children_Policy_Brief.pdf (最終閲覧日：二〇二一年五月三一日)

(2) Wilson, Jill. (1998). *Understanding Child Abuse: A Student Workbook*, Acorn Press, p. 10. (ジル・ウィルソン『子どもの虐待をなくすために――親になるための学校テキスト／オーストラリア』松村京子訳、東信堂、一九九八年)。

(3) Finkelhor, David. (1983). "Common features of family abuse." In D. Finkelhor, R. Gelles, G. Hotaling, & M. Straus (Eds.), *The Dark Side of Families: Current Family Violence Research*, Sage Publications, pp. 17–28.

15　減少する子ども虐待、増大する危機感

(1) 池田由子『児童虐待――ゆがんだ親子関係』中央公論社、一九八七年。

(2) 上野善子「米国の児童虐待――医療化以前の虐待認識と社会」『奈良女子大学社会学論集』19、二〇一二年、五五〜七二頁。

(3) 柏木恭典「『虐待』に先立つ問い：児童虐待と虐待死の差異に基づいて」、『千葉経済大学短期大学部研究紀要』12、二〇一六年、一〜一一頁。

(4) Kempe, C. Henry, Frederic N. Silverman, Brandt F. Steele, William Droegemueller and Henry K. Silver. (1962). ÅgThe Battered-Child Syndrome, Åh *Journal of the American Medical Association*, 181 (1) : 17–24.

(5) 井垣章二「児童虐待の家族と社会」『評論・社会科学』(同志社大学人文学会) 26、一九八五年、一―四五頁 (引用は三八〜四〇頁)

(6) 井垣章二『児童虐待の家族と社会――児童問題に見る二〇世紀』ミネルヴァ書房、一九九八年 (引用は三頁)。

(7) Conrad, P. and Schneider, J. W. (1992) *Deviance and medicalization : From badness to sickness: expanded edition*. Temple university. (P・コンラッド&J・W・シュナイダー『逸脱と医療化――悪から病いへ』進藤雄三監訳、ミネルヴァ書房、二〇〇三年)

16　安全の格差、子どもの受難――虐待といじめの地域差に迫る

（1）Madison, Bernard L.（2007）“Evolution of Numeracy and the National Numeracy Network,” *Numeracy* 1（1）, article 1.
（2）Guyatt, Gordon H.（1991）“Evidence-Based Medicine,” *ACP Journal Club* 114, Mar-April: A-16.

17　学者は真実を知っている？――いじめのウソとマコトに迫る

（1）Spector, Malcom and J. I. Kitsuse.（1977）. *Constructing Social Problems.* New York: Aldine de Gruyter.（M・B・スペクター＆J・I・キツセ『社会問題の構築――ラベリング議論をこえて』村上直之他訳、マルジュ社、一九九〇年）
（2）Goffman, Erving.（1959）. *The Presentation of Self in Everyday Life.* Doubleday & Company, Inc.（アーヴィング・ゴッフマン『行為と演技――日常生活における自己呈示』石黒毅訳、誠信書房、一九七四年）
（3）Goffman, Erving.（1963）. *Stigma: Notes on the Management of Spoiled Identity.* Prentice-Hall, Inc.（アーヴィング・ゴッフマン『スティグマの社会学――烙印を押されたアイデンティティ』石黒毅訳、せりか書房、一九七〇年）
（4）Woolgar, Steve and Dorothy Pawluch.（1985）. Ontological Gerrymandering: The Anatomy of Social Problems Explanation, *Social Problems*, 32（2）: 214-27.（スティーブ・ウールガー＆ドロシー・ポーラッチ「オントロジカル・ゲリマンダリング――社会問題をめぐる説明の解剖学」平英美訳、平英美・中河伸俊編『構築主義の社会学』世界思想社、二〇〇〇年、一八～四五頁）
（5）文部科学省「児童生徒の問題行動・不登校等生徒指導上の諸課題に関する調査結果について」二〇二一年。https://www.mext.go.jp/content/20211007-mxt_jidou01-100002753_1.pdf（最終閲覧日：二〇二三年四月一一日）
（6）文部科学省国立教育政策研究所「いじめ追跡調査２０１６―２０１８　いじめＱ＆Ａ」二〇二一年。

内田 良（うちだ りょう）
名古屋大学大学院教育発達科学研究科教授。専門は、教育社会学。教員の働き方、部活動、校則などの教育問題に取り組む。著書に『「児童虐待」へのまなざし――社会現象はどう語られるか』（世界思想社、2009年）、『教育という病――子どもと先生を苦しめる「教育リスク」』（光文社新書、2015年）、『ブラック部活動――子どもと先生の苦しみに向き合う』（東洋館出版社、2017年）、編著に『だれが校則を決めるのか――民主主義と学校』（岩波書店、2022年）など。

教育現場を「臨床」する
――学校のリアルと幻想

2023年８月10日　初版第１刷発行

著　者――――内田 良
発行者――――大野友寛
発行所――――慶應義塾大学出版会株式会社
〒108-8346　東京都港区三田2-19-30
TEL〔編集部〕03-3451-0931
〔営業部〕03-3451-3584〈ご注文〉
〔　〃　〕03-3451-6926
FAX〔営業部〕03-3451-3122
振替　00190-8-155497
https://www.keio-up.co.jp/
装　丁――――大倉真一郎
組　版――――株式会社キャップス
印刷・製本――中央精版印刷株式会社
カバー印刷――株式会社太平印刷社

Printed in Japan ISBN978-4-7664-2905-3